가볍게 읽는
한국문학 이야기

가볍게 읽는 한국문학 이야기

찍은 날 2022년 11월 21일 | **펴낸 날** 2022년 11월 25일
지은이 정우락·조유영·배지연·이승현·현영희·칸 앞잘 아흐메드
펴낸이 홍원화 | **펴낸 곳** 경북대학교출판부
출판등록 1973년 10월 10일 ㉣97호 | **주소** 대구광역시 북구 대학로 80
전화 053-950-3830 | **팩스** 053-953-4692
이메일 press@knu.ac.kr | **홈페이지** http://knupress.com
ISBN 978-89-7180-592-3 93800

정가는 뒤표지에 있습니다. 파본은 바꾸어 드립니다.

가볍게 읽는 한국문학 이야기

정우락 · 조유영 · 배지연 · 이승현 · 현영희 · 칸 앞잘 아흐메드

경북대학교출판부

머리말

스승은 어디에나 있다. 우리는 자신이 품고 있는 깊은 의문을 풀어 줄 스승을 이곳저곳에서 찾는다. 이 과정에서 무림의 고수를 만나 그 위대함에 놀라기도 하고, 고명(高明)으로 알려진 어떤 사람에게는 큰 실망을 하기도 한다. 의문의 크기만큼이나 풀리지 않는 숙제가 있고, 그 숙제를 풀었지만 다른 의문이 다시 생겨 자신을 괴롭히기도 한다. 그 괴로움을 해결하는 과정이 학문이며, 이것은 자신을 성장시키는 중요한 동인이 되기도 한다.

스승은 어디에도 없다. 우리가 아는 수많은 스승은 손가락으로 달을 가리키는 하나의 안내자 역할을 할 따름이다. 의문은 결국 자신의 내부에 있는 창조 역량과 맞물릴 때 크게 풀린다. 나와 달의 거리가 일거에 무화된다. 이를 깨달음이라고 해도 좋다. 이렇게 보면 우리의 참스승은 내 속에 있다. 큰 의문을 품고 외부 세계의 이곳저곳과 부딪치며 자각하는 내부의 힘, 무엇으로 이름할 수 없는 이 힘이 우리로 하여금 통찰의 기쁨을 맛보게 한다.

학문(學問)은 배우고 묻는다는 의미이다. '배운다'는 것은 두루 배운다는 박학(博學)에서, '묻는다'는 것은 자세하게 따져 묻는다는 심문(審問)에서 왔다. 『중용』이 그 출전이다. 배우는 것은 스승이 어디에나 있기 때문에 가능하다. 그러나 스승의 가르침을 그대로 묵수하면 아류가 되니, 묵수는 학자들이 가장 먼저 경계해야 할 요소이다. 이 때문에 따져 묻는 것이 필요하다. 따져 물으며 깨달아 가는 것이 우리 내부의 창조 역량이다.

경북대 대학원 국어국문학과는 BK21플러스 사업을 수행하면서 지식모델을 제시한 바 있다. '工' 자형이 그것이다. 넓고 얕은 대중성을 지향하는 'ㅡ' 자형과 좁고 깊은 전문성을 지향하는 'ㅣ' 자형을 기반으로, 'ㅡ' 자형과 'ㅣ' 자형이 결합된 'ㅗ' 자형, 'ㅣ' 자형과 'ㅡ' 자형이 결합된 'ㅜ' 자형을 상정할 수 있다. 'ㅗ' 자형은 넓은 교양적 지식 위에 세운 깊은 학문을, 'ㅜ' 자형은 깊은 학문적 지식이 가닿는 높은 단계의 회통성을 의미한다.

'ㅗ' 자형과 'ㅜ' 자형이 다시 결합하면 '工' 자형 지식모델이 성립된다. 아래에서 배워 위로 통한다는 전통적 공부론인 하학이상달(下學而上達)이 바로 이것이다. 이는 'ㅣ' 자형이 지닌 고립성을 타파하고 'ㅡ' 자형이 지닌 비전문성도 극복한다. 이러한 생각에 기반하여 우리는 2019년 5월부터 대구의 주요 일간지 『영남일보』의 지면을 빌려 <우리말과 한국문학>을 연재해 오고 있다. 우리의 노력이 사회문제를 해결하는 데 조금이라도 도움이 되기를 바랐기 때문이다.

이 책은 한국문학을 부담 없이 읽기 위해 기획된 것이다. 여기에 참여한 필자들은 자신의 전공을 지키며 오랫동안 진지하게 사유해 왔던 전문가들이다. 따라서 이 책은 기본적으로 '工' 자형 지식모델에서 볼 수 있는 아랫부분의 'ㅡ'를 지향하지만, 전공의 깊이를 통해 이룩한 윗부분의 '一'를 만나기도 한다. 이것은 이 책이 '가볍게 읽는' 대중성을 지향하지만, 단순히 가볍기만 하지는 않다는 것을 의미한다.

이 책의 제1부에서는 전통사상과 한국문학이 어떠한 관계에 놓이는가 하는 부분을 주로 다루었다. 여기에 동원된 주요 자료는 『삼국유사』이다. 단군신화에서 짐승의 몸으로 신성을 꿈꾸는 인간 존재의 본질을 찾는가 하면, 진표의 시련이 새로운 세계로 나아가기 위한 치열한 쟁투였다는 사실도 알게 하였다. 이 밖에도 시골 선비의 국가관이나 가투놀이 등을 통해 전통문화가 근대 속에서 어떻게 작동하는지도 흥미롭게 다루고 있다.

제2부에서는 한국의 전통 노래가 지역문화와 어떻게 결합되는지를 주목하였다. 문학이 인식과 형상을 본질로 한다면, 문학에 지역성과 지역문화가 다양하게 등장한다는 것은 당연한 이치이다. 구곡문화와 누정문화, 그리고 서원문화 등이 모두 그러한 것이다. 특정할 수 없는 주제들이 매우 자유롭게 등장하면서 노래가 지닌 '동천지감귀신(動天地感鬼神)'의 위대한 힘을 감지하게 한다. 천지와 귀신을 감동시키는 그 힘 말이다.

제3부는 한국 현대문학의 전공자가 삶의 다면상을 경쾌한 수다로 풀어낸 것이다. 최인훈, 권정생, 이청준, 박경리, 김동리, 박목월 등의 문학을 이야기하면서, 신라문화와 조선문화가 살아 있는 경주와 안동으로 걸어 들어가기도 한다. 이 역시 다채로운 이야기의 숲을 거닐며 오늘날 우리의 일상을 문득 발견하게 한다. 한국문학이 지닌 대중성과 일상성의 가치를 새롭게 자각할 수 있는 부분이다.

제4부에는 글로벌 시대의 한국 문화 이야기가 중심이다. 오늘날 우리는 자국적 고립에서 벗어나 글로벌 시대의 문화적 맥락 속에 살고 있다.

이에 따라 인도의 시인 타고르, 어린 시절 많이 접했던 손오공 등을 다시 소환하면서 한국의 문학과 문화를 함께 이야기할 수 있게 하였다. 인터넷을 통해 영화 등의 미디어 콘텐츠를 제공받는 오늘날, 한국의 문화콘텐츠는 세계 속에서 새로운 전기를 마련할 수 있게 되었다. 이를 주목하며 펼친 문화 담론들이 새롭다.

스승은 어디에나 있고 어디에도 없다. 우리가 사회 속에 들어가 스승을 찾고, 다시 자신의 문제로 환원시킨 이유이다. 가볍고 경쾌한 학문외전(學問外傳)을 통해 이를 실천하고자 했다. 여기에 적극 동참한 경북대 국어국문학과의 학문 동지들, 자유로운 담론이 가능하도록 지면을 허락한 『영남일보』, 다양한 빛깔이 하나의 체계 속에 수렴될 수 있게 한 경북대출판부, 모두가 고마운 이들이다. 이로써 우리는 글로벌 시대를 맞아 새로운 한국문학 앞에 설 수 있었다.

2022년 10월

경북대학교 국어국문학과 4단계 BK21사업

글로벌 시대의 지역 문화어문학 교육연구단장

정 우 락

제1부

01 한국 고전문학과 『삼국유사』

제2부

02 한국 고전시가와 지역 문화

제3부

03 한국 현대문학과 삶의 자취

제4부

04 디지털 시대 한국 문화와 문학의 세계화

제1부

01 한국 고전문학과 『삼국유사』

신에게 전하는 인간의 언어

언어의 신성성, 어떻게 확보하였을까? 불경에 자주 등장하는 주문(呪文)의 경우를 그 예로 들어보자. 『반야심경』 마지막에 나오는 주문, "아제아제 바라아제 바라승아제 모지 사바하"는 제아무리 한문에 능숙한 자라 할지라도 이해할 수가 없다. "가자, 가자, 피안으로 가자, 우리 함께 피안으로 어서 가자. 피안에 도달하였네. 아! 깨달음이여 영원하라."라고 번역되는데도 말이다. 그러나 이를 번역하지 않고 범어(梵語) 그대로 음차해 쓴다. 신성성을 강조하기 위한 조처다.

주문을 진언(眞言)이라 하기도 한다. 우리가 세속에서 사용하는 일상언어를 가어(假語)라 생각했기 때문이다. 신선을 진인(眞人)이라 생각했던 것도 같은 이치이다. 불교에서 입으로 짓는 죄업(罪業)을 구업(口業)이라 한다. 저주하는 말, 시기하는 말, 어리석은 말, 음란한 말 등을 하게 되면 모두 구업을 짓게 된다. 이를 깨끗이 하는 것이 정구업(淨口業)인데, 『천수경』에서 이를 위해 "수리 수리 마하수리 수수리 사바하"라는 진언을 제시한다. 이 역시 인간의 일상어가 아니다.

그렇다면 문자는 어떤 형태로 나타나는가. 한글이 창제되기 전에는 한자로 서로의 의사를 소통했다. 한자 가운데 일상에서 사람들끼리 주로 사용했던 것은 해서(楷書)였고, 신에게 자신의 뜻을 전하고자 할 때는 난해한 전서(篆書)를 썼다. 비석의 경우를 살펴보면, 전서로 된 두전(頭篆)과 해서로 된 비문이 있다. 비의 머리 부분에는 전서를 새겨 신이 읽어 위로받도록 했고, 아래 부분은 기리는 내용을 해서로 새겨 지나가는 사람들이 읽고 고인의 위업을 알도록 했다.

오로지 신에게 인간의 뜻을 전하고자 할 때는 비문 자체를 전서로 썼다. 미수(眉叟) 허목(許穆)이 쓴 「척주동해비(陟州東海碑)」가 바로 그런 경우다. 허목이 삼척부사로 재임하고 있던 당시 해일로 바닷물이 삼척까지 넘어 들어와 피해가 막심하였다. 이에 허목이 동해신을 예찬하는 노래를 지어 전서로 비를 세우니, 바닷물이 들어오지 않게 되었다고 한다. 이는 허목이 동해신에게 삼척 사람들의 마음을 간절히 담아 '전서'로 전하였기 때문에 가능하였다고 믿었다.

향찰(鄕札)로 표기된 향가에도 신에게 전하는 인간의 마음이 담겨 있다. 일연이 『삼국유사』에서, "신라 사람들은 향가를 숭상한 지 오래되었다. 대개 시(詩)와 송(頌) 같은 류일 것이다. 이러한 까닭에 천지(天地)와 귀신(鬼神)을 감동시킨 것이 한두 번이 아니었다."라고 한 데서 이를 알 수 있다. 천지와 귀신을 감동시키는 데 사용된 향가는 주술성이 매우 강하였다. 「찬기파랑가」, 「모죽지랑가」, 「제망매가」 등 죽은 사람들을 위로하고 찬양하기 위해 향가를 지어 불렀던 것도 이와 관련 있다.

「도솔가」를 지어 두 해가 나타난 재앙을 물리치고자 했고, 「혜성가」를 불러 하늘의 혜성이 사라지게 하였으며, 「처용가」를 지어 아내의 몸속에 들어가 있던 병귀(病鬼)를 불러내기도 하였다. 그리고 「원가」는 잣나무를 마르게 하여 임금이 신의를 깨닫게 하였고, 「도천수대비가」는 눈먼 아이에게 광명을 획득할 수 있게 했다. 이처럼 향찰은 한문이 갖고 있는 전통 문법과는 전혀 다른 방식으로 되어 있었으므로, 오히려 신에게 전하는 인간의 언어가 될 수 있었던 것이다.

인간은 불완전하고 나약하기 이를 데 없는 존재이다. 이 때문에 일상어와는 전혀 다른 진언을 만드는가 하면, 비석에 전서를 새기기도 하고, 향찰로 된 노래를 지어 부르기도 했다. 특히 향가는 향찰이라는 최초의 우리말 표기 방식으로 부른 노래라는 측면에서, 우리말과 한국문학이 갖는 신성성을 확보하고 있다. 즉 우리말을 통해 천지와 귀신을 감동시켰던 것이다.

요즘 우리말은 병들어 신음하고 있다. 신성성 역시 심각하게 훼손되었다. 어느 별빛이 있어, 나의 우리말 노랫소리를 듣고 이 언덕으로 내려와 춤을 출까? 별마저 자신을 부르는 인간의 언어를 잊어버리고 말았는가!

정우락_2019. 7. 18.

짐승의 몸으로 신성을 꿈꾸는 자 누구인가

한국인에게 단군신화는 무엇인가. 13세기 초 몽골 부족이 칭기즈 칸에 의해 통합된다. 칭기즈 칸과 그의 후예들은 세계사에서 가장 광활한 영토를 가진 대제국을 건설하게 되는데, 고려 역시 이 시기에 그들로부터 무지막지한 침략을 당하게 된다. 30여 년이라는 긴 세월 동안 전 국토가 유린당하고 수많은 사람들이 전례 없는 피해를 입었다. 『삼국유사』는 바로 이러한 몽골의 침략을 받으면서 탄생한 것이다.

국가적 위기는 고려 민중으로 하여금 운명 공동체 의식을 불러일으키게 하였다. 이때 고려인들은 고조선과 그 시조인 단군왕검을 재발견하게 된다. 특히 국조 단군에 대한 의식은 이후로도 국가적 위기가 발생했을 때마다 어김없이 등장하였다. 단군을 통해 역사 공동체 의식을 다지며 위기 극복을 위한 내적 에너지를 결집시켰던 것이다. 일제강점기에 단군신화가 재조명되면서 민족의식을 고취시켜 나갔던 것에서 이러한 사실을 바로 확인할 수 있다.

단군신화는 여러 측면에서 이해할 수 있지만, 나는 이 신화에서 인간의 심층을 발견한다. 환웅이 그의 무리 3천 명을 이끌고 인간 세계를 다스리며 교화시키자, 곰 한 마리와 범 한 마리가 인간되기를 희망하였고,

그중 쑥과 마늘을 먹으며 동굴 속에서 21일 동안을 인내한 곰은 마침내 여자로 변신한다. 이후 이 웅녀가 신단수 아래서 아이 배기를 축원하자, 신인 환웅이 잠깐 사람으로 변하여 그와 혼인해 아들을 낳았다. 그가 바로 단군왕검이다.

단군신화에서 곰은 짐승이었고, 신웅(神雄)으로도 불렸던 환웅은 신이었다는 사실을 주목할 필요가 있다. 환웅은 원래 인간의 몸을 갖고 있지 않았다. 신이었기 때문이다. 그러나 웅녀가 임신하기를 원하였으므로, 환웅은 잠시 사람의 형체로 변하여 혼인을 통해 웅녀가 아이를 낳게 하였다. 이처럼 짐승인 곰과 신인 환웅이 결합해 단군을 낳았으니, 단군이 '짐승'의 몸과 '신'의 성품을 공유한 것은 지극히 당연한 일이다. 짐승과 신의 결합체가 바로 단군이었던 것이다.

성리학적 관점에서 보면 육체는 기(氣)이고, 정신은 리(理)이다. 이를 현상과 본질로 나눈다면, 육체라는 현상 속에 정신이라는 본질이 깃들어 있다고 할 수 있다. 리와 기라는 개념을 통해 현상에서 본질로 파악해 들어가는 성리학의 이원적 구조로서 짐승과 신의 아들 단군을 이해할 수도 있다. 그러나 성리학은 인욕을 막고 천리를 보존한다는 '알인욕(遏人欲) 존천리(存天理)'를 강조하므로, 교조주의적 해석이 앞설 수밖에 없다. 다소 부담이 가는 부분이다.

인간은 원래부터 모순적 통일성을 갖는 존재이다. 짐승의 육신과 신의 정신을 함께 지니고 있기 때문이다. 육신이 없으면 우리의 정신이 깃들 곳이 없고, 정신이 없으면 인간은 하나의 고깃덩어리에 불과하다. 즉, 인간은 식욕과 색욕 등의 욕망을 강렬하게 지니면서도, 신을 갈망하며 영원을 꿈꾸는 존재이다. 이처럼 욕망 저편에 있는 신성에 대한 꿈은 인간을 더욱 인간답게 하는 위대한 무엇이 아닐 수 없다.

절멸의 계절이다. 여기저기 나뒹구는 낙엽을 밟으면서 내 안에서 들려오는 두 가지의 소리를 함께 듣는다. 짐승의 울음소리와 신의 노랫소리! 감각이 있어 아름다움이 무엇인 줄을 알고, 지각이 있어 그것이 슬픔인 줄을 깨닫는다. 그러나 짐승의 울음소리가 사라지면 신의 노랫소리 또한 멈출 것이다. 이 둘이 함께 벌이는 경쟁과 협동은 인간 이해를 더욱 높은 단계로 끌어올린다. 이로 보아 나는 짐승과 신의 아들인 단군의 적손(嫡孫)임이 분명하다. 단군은 짐승의 몸으로 신성을 꿈꾼 '인간'이었기 때문이다.

정우락_2020. 11. 26.

회통과 질서, 대구 정신의 원형

누가 '대구를 대표하는 산을 들어 보라'라고 하면 거의 모든 사람이 팔공산을 꼽을 것이다. 이 산은 통일신라시대부터 우리 지역의 주산으로, 중악(中岳) 혹은 부악(父岳)으로 칭송받으며 한반도의 중남부 문화를 주도해 왔다. 이러한 중요성 때문에 정상의 명칭을 대구시에서는 '비로봉'으로, 영천시에서는 '천왕봉'으로 부르자며 지자체 간 산정 쟁탈전을 벌이기도 했다. 팔공산이 지닌 문화 역량을 각 지역에서 충분히 인식하고 있다는 증좌이기도 하다.

나는 팔공산에서 우리 지역의 문화 원형을 읽는다. 동화사의 주요 가람배치를 중심으로 이 문제를 생각해 보기로 하자. 동화사 봉서루에 들어서면 웅장한 대웅전이 나타난다. 이는 석가모니불을 본존불로 모신 사찰의 대표적인 전각이다. 대웅전 오른편 뒤쪽에는 자그마한 산신각이 건립되어 있다. 산신은 원래 도교에서 유래된 듯하지만 불교가 유입되기 전부터 우리 선조들은 이를 신앙의 대상으로 삼아 왔다.

대웅전을 중심으로 산신각의 위치가 조금씩 다르기는 하지만, 한국의 사찰은 대부분 동화사와 비슷한 구조를 지니고 있다. 우리는 여기서 매우 흥미로운 것을 발견하게 된다. 불교신앙이 이 땅에 유입·정착되면서도 고유신앙인 산신신앙을 적극적으로 수용하고 있는 점이 바로 그것이다. 『삼국유사』「심지계」조는 이러한 사정을 매우 명시적으로 보여 주고 있다. 관련 이야기는 이렇다.

① 속리산 길상사에서 진표율사로부터 영심에게 불골간자가 전달되는 과증법회가 열린다. ② 팔공산에서 수도하던 신라 왕자 심지도 이 법회에 참여한다. ③ 법회를 마치고 팔공산으로 돌아오는 심지에게 불골간자 두 개가 따라온다. ④ 돌아가 영심에게 간자를 돌려주었으나 같은 일이 반복되므로 영심의 승인하에 간자를 받들어 머리에 이고 팔공산으로 돌아온다. ⑤ 팔공산 산신이 영심을 맞이하고, 나아가 바위 아래 엎드려 그로부터 정계를 받는다. ⑥ 산신과 함께 간자를 서쪽으로 던져 간자가 떨어진 곳에 동화사를 창건한다.

이 가운데 우리가 특별히 주목하고자 하는 것은 바로 ⑤이다. 여기에 대하여 일연은 『삼국유사』에서, "심지가 간자를 머리에 이고 산으로 돌아오자 산신이 두 선자(仙子)를 데리고 산꼭대기에서 맞아 심지를 인도하여 바위 위에 앉히고 그들은 바위 아래로 내려가 엎드려 공손히 정계를 받았다."라고 적고 있다.

산신은 고유신앙을 대표하고 심지는 불교신앙을 대표한다. 불교의 유입과 이차돈의 순교에서 볼 수 있듯이, 외래종교의 유입과정에는 희생이 따르기 마련이다. 그러나 팔공산의 경우는 달랐다. 산신이 오히려 심지를 적극 맞이하고 있기 때문이다. 나아가 심지를 높은 바위 위에 앉히고 그로부터 바위 아래 엎드려 정계까지 받는다. 우리는 여기서 고유신앙과 불교신앙의 회통정신(會通精神) 및 정계를 주고받는 질서의식(秩序意識)을 확인할 수 있다.

회통정신과 질서의식은 대구 정신의 원형이라 해도 좋을 것이다. 회통정신이 있었으므로 대웅전과 산신각이 함께 있을 수 있고, 질서의식이 있었기 때문에 대웅전을 앞쪽에 크게 만들고 산신각을 뒤쪽에 작게 만들 수 있었다. 서로 다른 둘이 만나 하나를 이루되, 그 둘은 서로의 독자성을 인정하면서 형제처럼 공존한다. 대웅전과 산신각을 같은 크기로 나란히 세울 때의 대립성과 긴장성도 없고, 산신각을 완전히 없애 버리는 폭력성과 배타성도 존재하지 않는다.

나는 여기서 구상의 시 「홀로와 더불어」를 떠올린다. 그는 이 시에서 "이렇듯 나는 홀로서 / 또한 더불어 산다. // 그래서 우리는 저마다의 삶에 / 그 평형과 조화를 이뤄야 한다."라고 했다. '홀로'만 강조되면 독단주의로 흐르고, '더불어'만 강조되면 전체주의가 성립된다. 인간의 공존은 개인의 자유가 존중되면서도 사회적 질서를 유지할 때 비로소 가능하다. 동화사 창건설화에 나타난 회통정신과 질서의식은 바로 이것을 말한 것이다. 분열과 갈등의 시대를 사는 21세기의 우리가 특별히 주목해야 할 부분이 아닐 수 없다.

정우락 _2019. 5. 9.

사람과 돌의 대화

사람 사이의 소통은 말과 글, 혹은 몸짓으로 한다. 몸짓이 원초적인 소통의 수단이라면, 말과 글은 그 뒤에 등장한 좀 더 세련된 소통 수단이다. 그런데 몸짓은 원초적인 것이기는 하지만 가장 높은 단계의 소통 수단이기도 하다. 둘 사이의 정서적 긴밀성이 확보되면 정교한 논리를 갖춘 말과 글보다 더욱 확실한 소통이 가능하기 때문이다. 신윤복(申潤福)의 <월하정인도(月下情人圖)> 화제에 "달빛 침침한 깊은 밤, 두 사람의 마음은 두 사람만이 아네.[月沈沈夜三更, 兩人心事兩人知.]"라 한 것에서 이를 바로 확인할 수 있다.

남녀 관계가 아니라 하더라도 친구나 가족 등 긴밀한 관계를 유지하고 있는 사람들 사이에는 눈짓 혹은 손짓 하나로 서로의 마음을 읽는다. 여기는 두 사람의 진정성과 함께 오랫동안 익혀 온 신뢰가 구축되어 있기 때문이다. 그렇다면 인간과 돌의 소통은 어떻게 이루어질까? 가능하기는 한 것일까? 그런데 옛 문헌에는 이러한 경우가 가끔씩 기록되어 있어 흥미롭다. 사람이 먼저 말을 걸기도 하고, 돌이 먼저 말을 걸기도 한다.

사람이 먼저 돌에게 말을 건 경우는 『삼국유사』의 「승전촉루(勝詮髑髏)」에 나타난다. 승려 승전은 일찍이 배를 타고 중국에 가서 현수국사

(賢首國師)의 강석에 나아가 오묘한 불법을 전수받고 그 스스로도 미묘한 것까지 연구하며 깊은 사색을 거듭하였다. 승전은 고국으로 돌아오면서 『화엄범어(華嚴梵語)』 등의 책을 가지고 와서 의상(義相)에게 보였고, 의상은 문하의 제자들에게 책의 내용을 세상에 알리도록 하였다. 일연은 『삼국유사』에서 '이 글을 살펴보면 원만하고 융통한 가르침이 우리나라에 널리 펼쳐진 것은 진실로 승전법사의 공이다'라고 기록하고 있다.

승전이 화엄학을 대중들에게 알릴 때이다. 지금의 김천 지역에 들어가 절을 짓고 이 사상을 전파하였다. 그런데 승전은 화엄학을 사람들이 제대로 알아듣지 못하자, 돌 80여 개를 사람 형태로 만들어 화엄경을 설하였다고 한다. 이에 돌들은 고개를 끄덕이며 승전의 강의를 들었다. 아! 이보다 더 깊은 학문적 대화가 있겠는가! 돌도 알아들을 수 있는 천상의 강의! 승전이 강의한 곳은 갈항사(葛項寺)로 지금의 김천시 남면이고, 그때 제작한 것으로 보이는 돌 수십 구가 근년에 발굴되기도 했다.

돌이 먼저 사람에게 말을 건넨 경우는 대구부사를 역임한 정경세(鄭經世)의 「우암설(愚巖說)」에 나타난다. 정경세는 1603년(선조 36) 상주의 우산동천에 초당을 짓고 살게 된다. 그러던 어느날 집의 동북쪽 모퉁이에 있는 커다란 돌이 꿈속에 나타나 말했다. 무릇 세상의 모든 사물은 이름이 있는데 자신은 이름이 없다면서 마땅한 이름을 지어 달라는 것이었다. 지금까지 이름을 구하지 않았던 것은 자신에게 이름을 지어 줄 만한 사람이 없었기 때문이라는 말도 덧붙였다. 이제 정경세 같은 사람을 만났으니 자신도 이름을 가질 때가 되었다는 것이다.

정경세는 돌이 아무런 특징이 없기 때문에 이름을 지어 주기가 곤란

하다고 했다. 이 말을 듣고 바위가 "이 산기슭에서 무너져 내리는 언덕 같은 세찬 물살 속에서도 쓰러진 적이 한 번도 없다."라고 하면서 이것을 생각하면서 이름을 지어 보라고 했다. 이에 정경세는 돌이 세찬 물살 속에서도 굳건히 버티고 있으며, 자신이 사는 곳의 땅 이름도 우산(愚山)이고, 자신 같은 못난 사람이 이웃하였으니 '바보바위[愚巖]'라 하는 것이 어떻겠느냐고 했다. 그러자 그 바위는 '좋다'라고 답했고, 정경세 스스로는 잠에서 깨어나 우복(愚伏)으로 자신의 호를 삼았다.

승전의 돌과 정경세의 돌은 서로 다르다. 승전의 돌이 어려운 화엄경을 알아듣는 돌이었다면 정경세의 돌은 어리석음의 중요성을 깨닫게 하는 돌이었기 때문이다. 그러나 그 돌은 결국 승전과 정경세 자신의 깨달음과 결부되어 있다는 측면에서 동질성을 갖기도 한다. 나의 연구실 한 켠에도 못생긴 돌 하나가 있다. 어떤 때 그 돌은 내가 종일토록 앉아 무엇에 끙끙대는 것을 지켜보기도 하고, 또 어떤 때는 문제가 잘 풀려 내가 희열을 느끼는 것을 보기도 했다. 그러나 그 돌은 아무 말이 없다. 나는 그 말없음에 대하여 편안함을 느끼며 마음도 밝아진다. 아무래도 이 가을 들머리에서 나도 서서히 돌이 되려나 보다.

정우락_2019. 9. 26.

진표의 시련을 생각하며

시련이란 무엇인가. 여기에 대하여 맹자는 이렇게 말한 적이 있다. "하늘이 장차 어떤 사람에게 큰 임무를 내리려 할 때는, 반드시 먼저 그의 마음과 뜻을 고통스럽게 하고, 그의 힘줄과 뼈를 수고스럽게 하며, 그의 육체를 굶주리게 하고, 그의 몸을 궁핍하게 하여, 그가 행하는 일마다 어긋나게 한다. 이것은 그의 마음을 격동시키고 그의 성질을 굳게 참고 버티도록 하여, 그가 잘하지 못했던 일을 더욱 잘할 수 있도록 해 주기 위함이다."

그러나 사람들은 시련이 자신에게 다가왔을 때 매우 다양한 반응을 보인다. 맹자가 이야기한 것처럼 시련을 통해 오히려 자신의 역량을 키우는 사람이 있는가 하면, 자신의 그릇은 전혀 고려하지 않고 시련에 맞서다 파멸해 버리는 사람도 있다. 또한 조그마한 시련이 닥치기만 해도 다양한 이유를 제시하면서 회피하는 사람도 있고, 때로는 위대한 고승들처럼 깨달음을 위하여 시련을 스스로 만들기도 한다.

역대로 시련을 두려워하지 않고 오히려 이것으로 위대한 자아를 성취한 사람들이 있었다. 4대 성인을 비롯한 선각자 대부분이 그러하고, 우리나라의 경우 8세기 중엽 백제의 옛 땅인 변산 지역을 중심으로 활약한 고승, 진표(眞表) 역시 그러한 인물이다. 『삼국유사』「진표전간」조에 의하면, 그의 성은 정(井) 씨이고, 아버지는 진내말, 어머니는 길보랑으로 12세에 출가하여 금산사의 숭제법사에게 사미계법을 받았다고 한다.

진표는 더욱 나아가 보살로부터 계를 얻기 위하여, 이름난 산들을 두루 다니다가 전북 부안군에 위치한 불사의암에 가서 망신참법(亡身懺法)으로 계를 얻는다. 망신참법은 자신의 육체에 엄청난 시련을 가하며 참회하는 것인데, "7일을 기한으로 온몸을 돌에 부딪쳐 무릎과 팔이 모두 부서지니 피가 바위 벼랑으로 비 오듯 떨어졌다. 그러나 보살의 감응이 없는 듯하여, 몸을 버릴 결심을 하고 다시 7일을 더 기약하였다."라고 『삼국유사』는 전한다.

이렇게 용맹정진하자 14일째 되던 날 지장보살이 나타나 정계를 주었다. 당시 그의 나이 23세였다. 진표는 수련을 멈추지 않고 영산사로 가서 용감하게 수행하기를 처음과 같이 하였다. 이렇게 하자 이제 미륵보살이 감응하여 현신으로 나타나 『점찰경(占察經)』 두 권과 깨달음의 최종 결과로 간자 189개를 주었다. 미륵보살은 이것을 진표에게 주면서, "너는 이것으로 세상에 불법을 전하여 사람들을 구하는 뗏목으로 삼아라." 라고 하였다.

시련을 통해 역량을 키운 진표는 세상을 구하기 위하여 점찰교법을 전국에 폈다. 스스로를 통렬히 참회하면서 부처의 진리를 깨닫자는 것이었다. 이후 그의 제자 영심은 진표의 간자를 받아 속리산으로 가서 머물면서 그의 법통을 충청도로 이어 갔고, 팔공산의 심지는 영심으로부터 진표의 간자를 받아 또한 경상도에 전하였다. 영심은 복숭아나무 위로 올라가 거꾸로 땅에 떨어지며 참회하였고, 심지는 7일간 땅을 치면서 참회하였는데 그의 이마와 팔꿈치에서 피가 흘러내렸다고 한다.

위에 든 몇 가지 불교설화는 과장되었다며 비난할 수 있다. 그러나 이렇게 읽고 말면 중요한 의미를 놓친다. 시련 없이 자아의 역량을 키울 수가 없다는 행간을 읽을 수 있어야 한다는 것이다. 진주조개가 상처를 통해 아름다운 진주를 품듯이, 감당하기 어려운 시련과 그 극복과정을 거치면서 인간은 위대해진다. 상처나 시련을 너무 두려워하는 오늘날, 혹독한 참회를 통해 깨달음을 얻고자 했던 진표의 구도 역정이 더욱 궁금해진다.

정우락 _2020. 7. 2.

웃음, 근심을 녹이는 묘약

『삼국유사』 감통편에 보면 「경흥이 성인을 만나다[憬興遇聖]」라고 하는 매우 흥미 있는 이야기가 전한다. 신라 신문왕 때의 경흥이라는 승려는 성이 수(水) 씨이며 웅천주 사람이다. 나이 열여덟 살에 승려가 되었는데, 삼장(三藏)에 통달하여 명망이 매우 높았다. 개요 원년(681)에 문무왕이 세상을 떠나려 할 때 신문왕에게 유언하여, 경흥은 국사가 될 만하니 자신의 명을 잊지 말고 중용하라고 당부했다.

이후 국사가 된 경흥이 격무에 시달리다 갑자기 병이 나서 한 달이 넘도록 앓아눕게 되었다. 이때 한 여승이 그를 문안하고는, "지금 스님의 병은 근심으로 생긴 것입니다."라고 했다. 그리곤 열한 가지의 모습을 만들어 우스꽝스런 춤을 추게 하니, 너무 우스워 턱이 빠질 지경이었다. 이에 경흥의 병은 자신도 모르게 씻은 듯 나았다. 여승은 문을 나서서 남항사로 들어갔는데, 갖고 있던 지팡이만 그 절의 십일면보살상의 탱화 앞에 놓여 있었다.

이 이야기는 중요한 두 가지의 메시지를 우리에게 전한다. 하나는 진지함과 경쾌함의 이중주가 사람을 온전하게 한다는 것이다. 경흥은 삼장을 통달한 명망 있는 승려로 불법을 진지하게 수행해 나갔던 사람이다. 그러나 그 진지함은 근심을 만들어 병에까지 이르게 했다. 이 때문에 여승은 그를 위해 웃음을 선사하였고, 웃음은 경흥의 근심을 사라지게 하였다. 온전한 인간이란 이처럼 진중과 쾌활 사이에 있다.

다른 하나는 위대한 사람은 아주 가까이에 있다는 것이다. 그 사람은 심지어 남루하기까지 하다. 경흥에게 『화엄경』 가운데 '착한 벗이 병을 치료해 준다'는 얘기를 하며 다가온 사람은 이름 없는 비구니였다. 그런데 알고 보니, 그녀는 관세음보살이었다. 남항사의 십일면관세음보살 탱화 앞에 그녀가 지녔던 지팡이가 놓여 있었던 것에서 이를 알 수 있다. 세상의 모든 고민을 살피는 관세음보살이 지극히 평범한 모습으로 경흥의 곁으로 다가온 것이다.

근심 때문에 병이 들었으니, 웃음은 근심을 녹이는 묘약이다. MBC TV에서 지난 1969년 8월 14일부터 1985년 4월 17일까지, 다시 1992년 11월 22일부터 1994년 10월 8일까지 방송된 바 있던 <웃으면 복이 와요>도 빈말이 아닌 것 같다. 웃는 집안에 만복이 깃든다는 '소문만복래(笑門萬福來)'에서 제목을 따왔을 이 프로가 힘들게 살아가던 당시의 한국인에게 많은 웃음을 선사하며 사람의 근심을 달래 주었기 때문이다.

요즘 '웃음치료사'라는 직업도 있다. 웃음을 통해 사람의 마음을 즐겁게 해 주고, 그 영향으로 몸이 건강해지도록 돕는 것이 웃음치료사다. 경흥의 근심을 웃음으로 풀어 주어 그가 병으로부터 벗어나게 할 수 있었던 그 관세음보살과 같은 존재 말이다. 국내 60여 곳의 기관에서 이와 관련된 자격증을 제공하며 관세음보살을 길러 낸다고 하니 흥미롭다. 현대인들이 불안과 우울 등으로 인해 병이 깊어 가므로 이러한 사람들의 활약이 더욱 요청된다.

불가에서 우리가 사는 이 세상을 고해(苦海)라고 하였던가. 명망 있는 대덕 경흥도 이 고해에서 헤어나지 못했다고 하니, 깨달음을 얻어 이곳을 탈출하는 것은 아주 힘든 것인가 보다. 탈출이 어렵다면 아예 이곳에서 즐기는 방법을 찾아야 할 터인데 이것도 쉽지가 않다. 코로나 시대가 길어지면서 고해에 대한 느낌은 더욱 강하게, 그리고 더욱 직접적으로 다가온다. 나라에서 돈 몇 푼 나누어 준다고 해서 해결될 문제도 아니다. 웃음이 오히려 묘약일 수 있으니, 되도록이면 즐겁게 살자.

정우락_2021. 2. 4.

사복 설화가 전하는 네 가지 의미

신라의 10대 성인은 누구일까? 『삼국유사』 흥법편에 보면, 흥륜사 금당에 이분들이 모셔져 있다고 했다. 아도, 염촉, 혜숙, 안함, 의상, 표훈, 사파, 원효, 혜공, 자장이 바로 그들이다. 여기에는 우리에게 익숙한 의상, 표훈, 원효, 자장도 있고, 신라에 불교를 전파한 고구려 승려 아도와 최초의 순교자 염촉(이차돈)도 있다. 그러나 혜숙, 안함, 사파, 혜공에 대해서는 거의 알려져 있지 않다. 이 가운데 우리는 사파(蛇巴)에 관한 이야기를 함께 나누기로 한다.

『삼국유사』 의해편 「사복불언(蛇福不言)」조에 사파 이야기가 있다. 과부의 아들로 태어난 그는 사복(蛇福) 혹은 사동(蛇童)으로 불렸다. 12살이 되도록 말도 못하고 걸을 수도 없어 뱀처럼 배로 기어 다녔기 때문이다. 사파는 어머니가 죽자 원효를 찾아가 "그대와 내가 옛날 경전을 싣고 다니던 암소가 죽었으니 같이 장사를 지내자."라고 하면서 상례를 치른다. 그리고 띠풀을 뽑고 그 아래로 열린 찬란한 세계로 어머니의 시체를 메고 들어갔다. 땅은 곧 닫혔다.

이 설화에는 첫째, 윤회사상이 나타난다. 사복의 어머니는 전생에서는 불경을 싣고 다니던 암소였고, 현생에서는 장애인 아들 사복을 키우는 여인이었으며, 죽은 후에는 띠풀 아래 펼쳐진 연화장 세계로 들어간 불보살이었다. 축생에서 인간으로 윤회하다 불보살로 해탈한 것이다. 윤회는 인간이 죽어도 그 업(業)에 따라 지옥 등 육도에서 생사를 거듭한다는 불교사상이다. 자업자득에 기초한 이 사상은 윤회에서 벗어나는 해탈을 목표로 한다.

둘째, 효사상이다. 사복은 12살까지 벙어리이자 걸어다니지 못하는 장애인이었다. 어머니에 대한 이야기가 구체적으로 나타나 있지는 않지만, 사복을 키우기 위한 그녀의 노력은 눈물겨운 것임에 틀림이 없다. 이에 그는 원효에게 청하여 포살(布薩)의식을 거행한다. 포살은 생전의 참회를 통해 열반에 이르는 의식이다. 이를 통해 더 이상의 괴로움이 없는 연화장 세계로 어머니와 함께 들어갔다. 효는 곧 해탈의 윤리임을 이렇게 보였던 것이다.

셋째, 묵언사상이다. 묵언은 침묵으로 하는 말이다. 사복불언의 '불언(不言)'에서도 알 수 있듯이 그는 말하지 못했지만 성자였다. 어머니가 죽자 말문이 트이고 일어나 걸었지만, 원효가 포살수계를 하면서 죽은 그의 어머니를 향해, "태어나지 말 것이니 그 죽는 것이 괴롭고, 죽지 말 것이니 그 태어남이 괴롭도다."라고 하자 "말이 너무 번거롭다."라고 했다. 이에 원효는 "죽고 사는 것이 괴롭도다."라고 고쳐 말했다. 최소한의 정확한 말만 허용한 것이다.

넷째, 불국토사상이다. 이는 자신들이 사는 땅이 곧 부처의 나라라 믿는 사상이다. 사복은 어머니의 시체를 메고 신라 땅의 띠풀을 뽑은 곳에 펼쳐진 연화장 세계로 들어갔다. 여기에 대하여 일연은, "띠풀의 줄기를 뽑으니 그 밑에 찬란하고 청허한 세계가 나타났다. 칠보로 장식된 난간의 장엄한 누각은 인간의 세상이 아닌 것만 같았다."라고 썼다. 우리가 살고 있는 발밑이 바로 극락이라는 논리이다. 원효가 중국 유학을 포기한 이유이기도 하다.

사복 설화는 윤회를 벗어나 해탈에 이르는 길을 제시한다. 그러나 일연은 이 이야기의 말미에, "괴로운 생사가 원래 괴로움은 아니니, 연화장과 생사의 세계는 넓기도 하네."라고 하였다. 자신이 소개한 앞의 이야기를 부정하는 듯한 발언이다. 즉 생사의 번뇌와 연화장의 열반이 다르지 않다는 것이다. 여기서 우리는 '깨달음'의 여부에 따라 번뇌와 열반이 결정된다는 것을 알게 된다. 위의 네 의미는 바로 깨달음의 길에서 만난 중요한 지표가 아닐 수 없다.

정우락 _2021. 4. 29.

새끼 안고 웅크린 어미의 뼈

"승려 혜통(惠通)은 씨족이 자세하지 않다. 출가하기 전 집이 남산 서쪽 기슭의 은천동 어귀에 있었다. 하루는 집 동쪽 개울가에서 놀다가 수달 한 마리를 잡아서 죽이고, 동산 가운데 뼈를 버렸다. 다음 날 아침에 그 뼈가 사라졌으므로 핏자국을 따라 찾아갔더니, 그 뼈가 전에 살던 굴로 돌아가서 다섯 마리의 새끼를 안고 웅크리고 있었다."

『삼국유사』「혜통항룡(惠通降龍)」조의 들머리 글이다. 감동적인 상황이 아닐 수 없다. 혜통이 승려가 되기 전, 살생을 일삼으며 어미 수달을 죽이고 그 뼈를 동산에 버렸다. 다음날 그가 뼈를 버린 곳으로 가보니 뼈가 없어졌다. 핏자국을 따라가니, 그 뼈가 다섯 마리 새끼를 안고 웅크리고 있었다는 것이다. 일연은 혜통이 그 모습을 보고, "놀라고 감탄하며 머뭇거리다가 문득 속세를 버리고 출가하였다."라고 기록하고 있다.

'뼈'의 사전적 의미는 '척추동물의 살 속에서 그 몸을 지탱하는 단단한 물질'이지만 그것 이상의 뜻이 잠복해 있다. '이야기의 기본 줄거리', '어떤 의도나 저의' 등에서 볼 수 있듯이 뼈는 근본이며 핵심이기도 하다. 새끼를 안고 웅크리고 있는 어미 수달의 뼈 또한 그러하다. 새끼를 지키고자 하는 어미의 근원적 사랑이 읽히기 때문이다. 이성과 논리를 뛰어넘는, 무엇으로도 형용할 수 없는 뼈의 사랑, 그것이 바로 어미의 사랑이다.

여기, 내가 경험한 이야기 하나가 있다. 군대 생활을 할 때였다. 영내에 자전거 수리소가 있었는데, 그 한켠에서 고양이가 새끼를 낳았다. 대여섯 마리가 되었던 듯하다. 조금 자란 그 새끼 고양이는 참으로 귀여웠다. 이에 영외에 사는 군인들이 어미가 없는 틈을 타서 그 새끼 고양이를 한 마리씩 갖고 갔다. 내가 근무하는 사무실의 상사도 한 마리를 가져왔다. 그런데 그 상사는 마침 급한 일이 생겨 새끼 고양이를 사무실에 두고 퇴근했다.

다음 날 아침 놀라운 일이 벌어져 있었다. 내가 근무하던 사무실은 원래 무기고여서, 밖으로 철창이 설치되어 있었다. 문을 열고 들어서자마자 나는 소스라치게 놀랐다. 유리창에 핏자국 몇 줄기가 나 있었고, 철창에는 짐승의 털과 살점 같은 것이 묻어 있었다. 순간, 어젯밤 여기서 일어났던 일이 전광석화처럼 나의 뇌리를 스쳤다. 돌아온 어미 고양이는 새끼가 사라진 것을 알고 그 새끼를 찾아다녔을 것이고, 사무실에 갇혀 있던 새끼 고양이는 목이 터져라 어미를 불렀을 것이다. 그리고 그 어미는 새끼 소리가 나는 철창으로 달려들어 머리와 몸을 부딪혔을 것이다. 밤새도록!

나는 새끼 고양이를 안고 나가 사무실 뒤쪽에 있는 족구장으로 갔다. 그 어미가 잘 보일 수 있도록 한가운데에 두었다. 그리고 30m쯤 떨어진 곳에 놓인 의자에 앉아 그 새끼 고양이를 주시하였다. 10분이 지났을까. 족구장 뒤쪽의 야산에서 걸레같이 생긴 짐승 하나가 기어 나와 두려움에 가득한 눈으로 주위를 살피면서 조심스럽게 새끼 쪽으로 다가왔다. 그리곤, 그 짐승은 새끼를 물고 쏜살같이 숲속으로 도망쳤다.

올해 3월 말쯤 어느 인터넷 중고거래 사이트에 자식을 판매한다는 내용의 글이 올라와 우리 모두를 경악하게 한 일이 있었다. 중국에서는 호북성의 한 직업대학에서 여대생이 아이를 낳은 후 기숙사 담장 밖으로 그 아이를 버린 일도 있었다. 우리는 흔히 짐승만도 못한 일이라며 인간의 패륜을 나무란다. 어쩌면 인간만이 할 수 있는 일인지도 모르겠다. 내가 앞에서 전한 수달과 고양이의 자식 사랑이 더욱 감동적으로 전해지는 오늘날이다. 그 사랑은 죽음을 불사한 피의 사랑이며, 죽은 후에도 남아 있는 뼈의 사랑이다.

정우락_2021. 7. 22.

다시 원효에게 길을 물어

『삼국유사』 의해편에 「원효불기(元曉不羈)」조가 있다. 일연은 이를 통해 어떤 범주나 굴레에도 얽매이지 않는 원효상을 제시하였다. 원효는 얽매이지 않았기 때문에 요석공주와의 사이에서 설총(薛聰)을 낳았고, 또한 광대들이 사용하는 괴이한 박을 얻어 화엄경의 '일체 무애인(無㝵人)은 한 길로 생사를 벗어난다'는 구절에서 무애(無㝵)라고 이름을 짓고, '무애가'를 부르며 수많은 마을로 돌아다니며 노래와 춤으로 대중을 교화했다.

원효 하면, 우리는 요석공주와의 로맨스, 무애가(無碍歌)와 무애무(無碍舞)로 펼치는 대중교화, 그리고 해골바가지 물로 인한 깨달음 등이 떠오른다. 기실 원효는 28세(645)에 의상과 함께 현장삼장의 교종을 배우러 당나라로 가기 위하여 요동(遼東)으로 갔다가, 고구려 순라군에게 잡혀 정탐자로 오인을 받고 다시 신라로 돌아온다. 이 과정에서 생긴 것이 저 유명한 해골물 설화이다. 일체유심조(一切唯心造)의 도를 깨달았으니 굳이 당나라로 가서 유학할 필요가 없었다.

원효는 깨달음을 얻어 당나라로 유학 가지 않았지만, 그의 이름은 중국에까지 알려져 『송고승전(宋高僧傳)』에 올랐다. 이는 그의 지독한 공부

덕분이었다. 원효의 저서는 80부 150여 권에 이르는 것으로 추산하지만, 현전하는 저술 가운데 온전히 남아 있는 것은 13부 17권이며, 부분적으로 전하는 것도 12부 안팎이다. 이들 저서 가운데, 3권으로 된 『금강삼매경(金剛三昧經)』의 주석서 『금강삼매경소』는 특별히 중요하다.

원효의 『금강삼매경소』는 '금강삼매경론'으로 개칭하여 중국에서도 널리 읽혔다. '소'를 '론'으로 바꾼 것은 이 책을 더욱 높이기 위한 조처였다. 원효는 이 책을 통해 분석하고 비판하여 긍정과 부정의 두 가지 논리를 회통시켜 보다 높은 차원에서 새로운 가치를 찾아야 한다고 했다. 이러한 생각은 중국을 포함한 당대의 동아시아 지식인에게 널리 호응을 얻었고, 『송고승전』에는 이 책이 만들어지는 과정을 신비화시키기까지 했다. 잠시 들어 보기로 하자.

신라왕의 부인이 머리에 심한 종기가 생겨 백방으로 노력하였으나 아무런 효험이 없었다. 이에 왕은 사신을 보내 당나라에 가서 약을 구해 오게 했다. 사신이 바다를 건널 때 어떤 노인이 나타나 사신을 맞아 바다로 들어갔다. 용왕이 흩어진 『금강삼매경』 30장 정도를 주면서 대안(大安) 성자로 하여금 이 경전의 차례를 바로잡아 책을 만들도록 하고, 원효 법사를 청하여 경소(經疏)를 지어 강독하게 하면 부인의 병은 틀림없이 나을 것이라 했다.

사신이 귀국하여 왕에게 보고하고 왕은 대안으로 하여금 『금강삼매경』을 편차하게 하였다. 그리고 대안은 속히 원효를 찾아 해설하고 강설할 수 있도록 했다. 이에 원효는 그 경을 받아 소의 두 뿔 사이에 붓과 벼루를 두고 처음부터 끝까지 소 수레 위에서 『금강삼매경』의 주석서를 썼다. 이렇게 해서 탄생한 『금강삼매경소』, 원효가 이 책을 강설하자 왕비의 병이 씻은 듯이 나았다고 한다. 신비한 경전과 위대한 선사의 강설 덕분이었다.

원효는 요석공주와 혼인하며 성속을 넘어섰고, 해골 물을 마시고 중국과 신라를 넘어섰다. 모순과 대립을 하나의 체계 속에 회통시키는 논리가 바로 원효 사상의 핵심인 '화쟁'이다. 그가 『금강삼매경』을 통해 말하고자 했던 요지도 이것에 다름 아니다. 결국 유와 무, 긍정과 부정의 이분법을 넘어서야 진여실상(眞如實相)을 볼 수 있다. 우리 시대에 발생하는 수많은 모순과 분쟁들, 해결 난망이다. 원효에게 다시 길을 물어야 하는 이유이다.

정우락_2021. 12. 23.

용에 관한 기억

어린 시절, 정월 보름의 어떤 새벽, 밝음과 어둠이 섞여 있는 혼돈의 시간. 할머니는 쌀과 대추 등을 바구니에 담아 머리에 이고 길을 나섰다. 나는 창호지로 사면을 바른 작은 등을 들고 할머니를 따라갔다. 집에서 1.5km쯤 가면 깎아지른 바위 아래에 있는 깊은 소(沼)가 나온다. 봉비암 양정소다. 깊이를 알 수 없는 그 소는 무서우면서도 신비로웠다. 혼돈 속에서 휘돌아 흐르는 검은 물소리는 그것을 더욱 증폭시켰다.

양정소 주변에는 백사장이 있었고, 할머니는 가지고 갔던 바구니를 그 백사장에 내려놓으셨다. 그리고 바구니에 담긴 음식을 꺼내 소를 향해 던지고, 소지를 태우며 무언가를 중얼거리며 열심히 기도하셨다. 뒤에 안 것이지만, 물속 용궁에 사는 용왕에게 음식을 대접하며, 집안의 안녕을 빌었던 것이다. 우리는 이를 '용왕 먹이기'라 불렀다. 그때 할머니는 집안에 아무 탈이 없고, 아이들 건강하게 잘 자라고, 농사도 풍작이 되게 해달라고 기원하셨을 것이다.

용왕에게 음식을 먹이는 것은 생명의 근원에 대한 숭배이다. 우리 조상들은 신비한 힘을 가진 상상의 동물 용이 무궁무진한 조화의 능력이 있다고 믿어 왔으며, 특히 물과 깊은 관계를 지닌 수신(水神)으로 신앙하여 왔다. 용은 순우리말로는 '미르'이며, 이에 따라 은하수는 용천(龍川), 즉 '미리내'이고, 용을 뜻하는 진(辰)도 '미르진'으로 읽는다. 물과 은하수와 용은 모두 같은 계열의 의미망을 거느리고 있으며, 우주의 조화를 관장하며 생명을 다스리는 존재들이다.

우리나라 고전 중의 고전인 『삼국유사』에도 용에 대한 이야기가 다양하게 나온다. 공자는 합리적으로 설명할 수 없는 것은 말하지 않았다지만, 일연은 제왕이 일어날 때는 반드시 보통 사람들과 다른 신이한 일이 있을 수밖에 없다면서 신이사관(神異史觀)에 입각해 『삼국유사』를 썼다. 논리 이전의 논리와 논리 이후의 논리로 우리나라의 위대함을 말하고자 했던 것이다. 그 신이성을 설명하는 자리에 등장했던 대표적인 존재가 바로 용이었다.

「탈해왕」조를 들어 보자. 탈해는 바다를 통해 한반도로 와서 먼저 가락국에 정박했다가, 다시 신라 땅인 계림의 동쪽 하서지촌 아진포에 이른다. 그때 혁거세왕에게 물고기를 잡아 진상하던 아진의선이 새벽에 바다로 나가 배를 발견한다. 배 안에 실려 있던 궤를 나무에 걸어 놓고 길흉을 점친다. 궤에서 나온 탈해가 자신은 용성국 사람으로 어머니가 자신을 알로 낳았기 때문에, 배에 실려 붉은 용의 호위를 받으며 신라까지 이르게 되었다는 사연을 말한다.

탈해는 용왕이 다스리는 용성국 출신이며, 태양에 비친 파도일 듯한 붉은 용의 호위를 받으며 바다에서 들어왔으니 이 이야기는 온통 물로 되어 있다. 바다는 그 자체가 물이고 용은 또한 물의 다른 이름이기 때문이다. 용왕의 아들로 용의 호위를 받으며 물의 흐름에 따라 인연 있는 땅 신라로 온 탈해, 그는 남해왕의 맏딸을 아내로 맞아 노례왕에 이어 신라의 제4대 왕이 된다. 생명을 상징하는 물에서 발원하여 신라의 왕이 된 것이다.

기(氣)가 모여 이슬이 된다. 이를 항해(沆瀣)라 하는데, 이슬은 결국 기의 외현태(外現態)다. 이슬이 모여 샘이 되고, 샘에서 물이 넘쳐 개울이 되고, 개울이 강이 되고, 다시 바다를 이룬다. 물은 수많은 어족을 살리고 나무를 살리고 사람을 살린다. 살리며 사는 것이 바로 살림살이이다. 용은 임금을 상징하는 존재이기도 하다. 물처럼 백성들의 살림살이를 책임지기 때문이다. 새로운 대통령이 선출되었다. 새 대통령은 용의 조화로 우리 국민들의 살림살이에 단비 같은 존재였으면 한다. 매화꽃 화사한 이런 봄날에!

정우락_2022. 3. 10.

고통을 기쁨으로 바꾸는 기술

신라 선덕여왕 시절에 양지(良志)라는 승려가 있었다. 그의 선조가 누구인지 고향이 어디인지를 아무도 알지 못한다. 양지는 석장(錫杖: 승려들의 지팡이)을 부리는 신통한 능력이 있었다고 한다. 제를 지내는 등 절에 쓸 비용이 필요하면 그는 석장에 포대를 걸어서, 신도들의 집으로 날려 보냈다. 그러면 석장은 시주의 집으로 날아가 소리를 냈다. 이렇게 하여 포대에 시주가 가득 차면 석장은 다시 돌아왔다. 지금 경주 석장동의 석장사(錫杖寺) 이야기다.

양지는 또 손재주가 있어 어떤 물건이라도 잘 만들었다. 영묘사의 장륙삼존상과 천왕상은 물론이고, 사천왕사 탑 아래 있는 팔부신장, 법림사의 주불과 좌우의 금강신장 등은 모두 그가 만든 것이라 한다. 지금의 경주시 사정동에 있었던 영묘사 장륙삼존상을 만들 때는, 그 스스로 선정에 들어 부처를 친견한 후 그 모습 그대로 상을 만들었다고 한다. 성안의 남녀들은 이를 보고 감동하여 다투어 진흙을 나르며 양지를 도왔다.

당시 사람들이 부역을 하며 불렀다는 향가가 바로 풍요(風謠)이다. "온다 온다 온다, 온다 서러운 이 많구나. 서러운 중생의 무리여, 공덕 닦으러 온다."라 한 것이 그것이다. 이 노래의 가사를 찬찬히 살펴보면, '서러운 이 많구나', '서러운 중생의 무리여'라고 하고 있으니, 부역하는 사람들 모두가 괴로움을 심각하게 인식하고 있다. 그러나 단순히 괴로움만 강조한 것은 아니다. 공덕을 닦으러 온다고 하고 있기 때문이다. 이 문제에 대해서 잠시 생각해 보자.

풍요를 불렀던 민중들은 무엇이 괴로웠을까? 작게는 진흙을 나를 때 발생하는 육체적 고통이고, 크게는 생사에 떨어진 그들의 삶 자체이다. 그들이 온 장소가 노동의 현장일 수도 있지만, 이 세상 즉 고해(苦海)일 수도 있다는 것이다. 짧은 노랫말에 '온다'를 다섯 번이나 연거푸 말했으니, 이들은 지금 괴로움을 절감하고 있음이 분명하다. 스스로가 모두 서러운 존재들이라고 생각하고 있으니, 이에 대한 고민 역시 깊어질 수밖에 없다.

그렇다면 괴로움을 어떻게 극복할 것인가. 신라사람들은 인간세상의 고통을 자각하며 공덕을 닦아 이것을 극복하자고 했다. '공덕 닦으러 온다'라고 한 것이 그것이다. 양지가 영묘사에서 장륙삼존상을 조성하는데, 진흙을 나르며 돕고 있으니 그들에게는 이것이 바로 공덕 닦는 일이었다. 이로써 고해에 떨어진 서러운 삶을 극복할 수 있다고 생각했다. 즉 신라사람들에게 있어 공덕 닦기는 괴로움을 즐거움으로 바꾸는 대표적인 기술이었던 것이다.

우리는 누구나 생로병사(生老病死)의 고해 속에 허덕인다. 나서 괴롭고, 늙어서 괴롭고, 병들어 괴롭고, 죽어서 괴롭다. 보고 싶은 사람을 보지 못해 괴롭고, 보기 싫은 사람은 봐서 더욱 괴롭다. 생멸의 시공간 속에 이미 들어온 우리 인간들, 이러한 괴로움의 실상을 제대로 자각하는 것이 무엇보다 중요하다. 석가모니도 카필라성의 동·남·서·북 4문 밖으로 나가 인생의 괴로움을 철저하게 자각하였기 때문에, 출가해서 성도(成道)할 수 있지 않았던가.

곧 부처님 오신 날이다. 이 세상에 온 자들은 모두가 필연적으로 늙고 병들고 죽는다. 아무리 몸부림쳐도 벗어날 수 없는 노쇠와 죽음의 수렁! 신라인들은 공덕을 닦으며 이를 벗어나고자 했다. 극락과 지옥은 우리가 죽어서 가는 곳이 아니다. 고해를 자각하며 공덕을 닦는 자리, 그곳이 바로 극락이다. 공덕의 종류와 그것을 닦는 방법이야 저마다 다르겠지만, 저 신라사람들은 고통에 따른 기쁨의 전환술을 이미 알고 있었다.

정우락 _ 2022. 5. 5.

한국문명과 『삼국유사』

한류 열풍은 이제 인도에서도 대단하게 불고 있다. 한국에서 한국 현대문학으로 박사학위를 취득한 최초의 인도인으로서 항상 인도 지인들로부터 아래와 같은 질문들을 받는다.

"한국은 어떠한 나라인가요?", "한국과 한국문화를 잘 이해하려면 어느 책을 반드시 읽어야 하나요?" 내가 그들에게 제공해 주는 답은 늘 "한국은 '단군의 나라'와 '삼국유사의 나라'"라고 이야기한다. 『삼국유사』는 한국어를 아는 외국인에게도 어려운 책이다. 그러나 한국을 잘 알려면 『삼국유사』에 대해 어느 정도 알 필요는 있다.

『삼국유사(三國遺事)』는 신라, 고구려, 백제라는 삼국의 역사를 기록한 『삼국사기』 이후에 나온 고서다. 이는 삼국에서 발생한 신이(新異)한 일이라는 의미를 지닌다고 하지만 누락한 이야기들이라는 의미도 있다.

『삼국유사』의 저자는 고려시대의 불교 고승인 일연이다. 그는 영남지역인 군위에서 『삼국사기』의 누락한, 신비스러운 여러 제왕의 모습과 다양한 이야기들을 상세하게 기술하였다. 이 점을 보아 일연은 신화가 있는 나라들이 가지는 문명국가의 이미지를 중요시했음을 알 수 있다.

신화가 있으면 문명이 있다. 중국 신화에는 여와·헌원황제·염제신농

이 있고, 그리스 신화에는 프로메테우스와 아테나 등이 있다. 인도 신화엔 인드라가 있고, 유대 신화엔 여호와가 있다. 또 기독 신화와 이슬람 신화에 아담과 이브가 있다.

우리가 가장 잘 알고 있는 한국의 신이한 단군에 대해선 일연이 최초로 책을 통해 제시해 주었다. 일연에 따르면 단군에게는 고조선의 건국자로 환인(제석천)이라는 할아버지와 환웅이라는 아버지가 있다. 어머니는 원래 곰이었으나 환웅에게 인간이 되기를 기도하였다가 수행 끝에 인간이 된 후 환웅과 부부가 되어 한민족의 뿌리인 단군을 낳았다. 한국은 단군 신화가 있음으로 인해 문명국가가 된 만큼 일연은 한국 역사를 위대하게 만든 학자라 할 수 있다.

그러나 보편적으로 신화를 현실로 믿는 인도인들에게 이 정도로만 공유하는 것은 불충분하다. 각 문명의 신화에 대한 각각의 인식이 서로 다르기 때문이다. 예컨대 단군의 후손이 한민족이고, 황제의 후손이 한족이고, 인드라의 후손이 힌두이고, 여호와의 후손이 유대인이고, 아담과 이브의 후손은 기독인이다.

화이(華夷) 관념을 주장한 한족은 자신을 전 세계의 중심이라 자부한다. 유대인은 스스로를 지구상에서 가장 신성한 혈통을 가진 인종이라 본다. 힌두민족 역시 남보다 자신을 더 높여서 본다. 그런데 각 신화에서 발전된 각 민족들이 오직 자신만을 신성시한다면 기타 문명국을 비하하게 될 수 있다.

따라서 나는 인드라의 후손인 인도인들에게 "『삼국유사』는 인도의 『베다』와 「마하바라타」와 같다."라고 말한다. 그리고 "그것은 서구의 성경, 중국의 『사기』나 『논어』와도 같다."라고 한다. 즉 모든 신화와 그 민족은 다 신성하다.

일연은 『삼국유사』에서 문명을 상징하는 신화의 색채를 활용하여 한민족의 역사를 김부식의 것보다 더 훌륭하게 기술했을 뿐만 아니라 유교와 불교의 교육 이념을 동원하여 이상적인 국가의 건설을 위해 노력했다.

그만큼 『삼국유사』는 한국문명의 산물이라 할 수 있다. 다양한 언어로 『삼국유사』를 전 세계에 정확하게 번역하고 소개함으로써 한류열풍과 더불어 한국을 알리는 데 도움이 되면 좋겠다.

칸 앞잘 아흐메드_2021. 11. 18.

문학이라는 마술

중국 절강성 영파에 양축문화공원이 있다. 양산백(梁山伯)과 축영대(祝英臺)의 사랑을 소재로 해서 만든 공원이다. 공원 앞에는 남녀 두 사람이 나비가 되어 하늘로 올라가는 거대한 석조상이 있다. 이로써 사랑하는 두 사람이 한 쌍의 나비가 되어 하늘로 올라가는 것이 양축 이야기의 핵심임을 알겠다. 이 밖에도 도처에 이들의 애정을 시사하는 누각이나 정자를 만들었고, 여기에는 나비는 물론이고 무지개와 같은 몽환적인 시설물들을 조형하였을 뿐만 아니라, 양산백묘, 양축독서원과 같은 건축물을 만들어 이들을 기리고 있다.

사실 양축 이야기의 진원지가 영파인지는 알 수가 없다. 이들의 것이라 주장하는 무덤이 영파뿐만 아니라, 하남의 주마점, 산동의 제녕, 강소의 의흥에도 있기 때문이다. 동양의 로미오와 줄리엣으로 불리는 이 이야기가 서로 자기의 것이라며 다툰다. 이 가운데 가장 본격적으로 문화사업을 벌이는 곳이 바로 영파다. 민간 전설에 바탕을 둔 양축 이야기의 영향력은 실로 상상을 초월한다. 우리나라를 비롯하여 월남, 미얀마, 일본, 싱가폴, 인도네시아 등으로 전파되어 자국화되어 갔고, 중국 내의 경우를 보더라도 30여 편의 희곡, 100여 곡의 가요, 십여 편의 드라마와 영화가 제작되었기 때문이다.

그렇다면 무엇 때문에 사람들은 이 이야기에 열광하는가. 이야기의 내용은 대체로 이렇다. 동진 시기 축영대가 남장을 하고 항저우에서 유학을 하였는데 거기서 양산백을 만난다. 둘은 3년 동안 함께 공부하며 깊은 우정을 나눈다. 축영대가 고향으로 돌아가게 되었을 때, 양산백은 비로소 그가 여자라는 것을 알게 된다. 이후 양산백은 축영대를 찾아가 청혼을 하였으나, 그녀는 이미 부모의 강요에 의해 다른 사람에게 시집을 가기로 되어 있었다. 양산백은 그만 우울증에 빠져 죽는다. 축영대가 시집가는 날 양산백의 무덤을 지나가게 되었는데, 축영대가 제를 올리자 갑자기 무덤이 갈라지고 축영대는 그 속으로 빨려 든다. 얼마 후 무덤에서 한 쌍의 나비가 나와 하늘로 올라간다.

이 이야기의 한국 버전이 고소설 「양산백전」이다. 축영대도 양대(陽臺)로 바뀌었고, 후반부의 변개가 더욱 심하다. 즉 양산백과 양대의 혼이 저승의 선계로 올라가서 후생연분 맺기를 간청하자 옥황상제가 이를 허락한다. 이후 이들은 인간세계로 내려와 무덤 속에서 부활해서 성대한 혼례를 올린다. 마침, 북방의 오랑캐가 변방을 침범하여 나라에서는 급히 인재를 뽑기 위해 과거시험을 보인다. 여기에 응시한 양산백은 문무양과에 장원급제한다. 전장에 나아간 양산백은 커다란 무공을 세워 북평후에 봉해진다. 양산백과 양대는 부귀영화를 누리다가 80세가 되어 함께 세상을 떠난다.

양축 이야기는 아름우면서도 슬프다. 두 사람이 혼사장애에 부딪혀 초현실적인 '죽음과 재생'을 통해 애정을 성취한다. 여기에는 인간의 진실한 애정을 가로막는 봉건질서의 횡포를 고발하는 요소도 있다. 그런데, 중국과 한국의 현실 대응 방식이 조금 다르다. 중국은 장자의 호접몽(蝴蝶夢) 등에서 익숙하듯이 이들을 나비라는 몽환적 재생으로 처리한다. 그러나 우리는 이들을 실제 인간으로 부활시켜 부귀와 영화를 함께 누리다가 천수를 다하고 세상을 떠나게 한다. 현실적인 성취인 것이다. '개똥밭에 굴러도 이승이 좋다.'는 속담처럼 현실을 더욱 강조하는 한국인의 정서가 깊게 작동한 것으로 보인다.

중국의 것이든 한국의 것이든 양축 이야기는 허구다. 사람들은 이것을 알면서도 이 이야기를 거듭 자신의 이야기로 변개시킨다. 험난한 현실을 살고 있는 자신에게 커다란 위로가 되기 때문이다. 현실을 극복하기 위해 철학처럼 논리로 따지지도 않고, 역사처럼 사실을 밝혀 후세에 귀감으로 삼으려 하지도 않는다. 이루어질 수 없는 사랑을 비현실적 장치를 통해 이루는 것에서 볼 수 있듯이, '꿈'을 통해 현실을 극복한다. 즉 문학적 허구에는 치유의 요소가 개입되어 있다는 것이다. 양산백과 축영대의 죽음과 재생은 나의 처절한 죽음과 빛나는 재생, 바로 그것이다. 이 때문에 문학이라는 허구는 우리의 고단한 삶을 치유하는 마술 같은 존재가 아닐 수 없다.

정우락_2019. 12. 5.

파리를 죽이지 마라

인류는 나면서부터 병마와 투쟁하며 자신의 생명을 유지해 왔다. 커다란 사회 문제를 일으키는 전염병도 마찬가지다. 현대의 첨단 의학기술이 전염병에 의한 사망자를 현격하게 저하시켜 인간의 기대수명을 연장시켜 주기는 하였지만, 전염병은 여전히 인류를 위협하는 대표적인 존재가 아닐 수 없다. 우리가 익숙하게 들어온 광우병, 탄저병, 사스, 돼지콜레라, 조류독감 등은 물론이고, 현재 우리가 겪고 있는 중국 우한발 폐렴인 '코로나19'도 마찬가지다.

조선시대에도 자연재해와 함께 전염병은 지속되었다. 특히 주목할 만한 것은 1백만 명의 사상자를 발생시킨 경술년(1670)과 신해년(1671)의 대기근이다. 이 시기는 지구 전체에서 이상기후 현상이 일어나 소빙기(Little Ice Age)가 형성되었으며, 농업생산의 감소로 인해 기근과 전염병이 창궐하였다. 이러한 대재앙은 왕조의 존립 자체를 위협할 정도로 엄청난 것이었으며, 사회의 각 분야에도 커다란 충격을 주었다.

다산 정약용의 시대에도 기근과 전염병으로 많은 사람들이 죽었다. 그는 이를 목도하며 파리를 조문한다는 「조승문(弔蠅文)」이라는 장편시를 지었다. 경오년(1810) 여름에 파리가 극성을 부려 온 집안에 득실

거리고 점점 번식하여 산골짜기까지 만연하게 되었다. 이에 사람들은 괴변이라며 독한 모기약을 치는 등 여러 가지 방법을 동원하여 파리 소탕작전에 나섰다. 다산은 여기에 촉발되어 「조승문」 한 수를 지었던 것이다.

다산은 이 시의 서문에서, "아! 죽여서는 아니 된다. 굶어 죽은 자의 전신(轉身)이다. 아! 기구하게 사는 생명이다. 애처롭게도 지난해 큰 기근을 겪고 또 겨울의 혹한을 겪었다. 그로 인해서 전염병이 돌게 되었고 게다가 또다시 가혹한 징수까지 당하여 수많은 시체가 길에 널려 즐비하였고, 그 시체를 버린 들것은 언덕을 덮었다."라고 했다. 썩어 문드러진 시체에서 구더기가 생기고, 구더기가 파리로 변하여 날아든 것이니, 파리는 결국 사람이라는 이야기다.

다산의 「조승문」을 어떻게 볼 것인가. 그는 죽은 백성의 몸에서 파리가 나와 우리의 밥상까지 날아들었으니, 실컷 먹게 하자고 했다. "아! 이 파리가 어찌 우리의 유(類)가 아니랴. 너의 생명을 생각하면 저절로 눈물이 흐른다. 이에 음식을 만들어 널리 청해 와 모이게 하니 서로 기별해 모여서 함께 먹도록 하라."라고 한 것이다. 우리는 여기서 애도의 정치학과 함께 다산의 애민정신을 읽게 된다. 그가 '파리=백성'으로 받아들여 애도하고 있기 때문이다.

다산의 「조승문」은 비판의 칼날을 위정자로 향하게 했다. 글의 마지막에, "파리야, 날아가려거든 북쪽으로 날아가라. 북쪽 천리로 날아가 구중궁궐에 가서 그대의 충정(衷情)을 호소하고 그 깊은 슬픔을 진달하라."라 하고 있으니 말이다. 가뭄과 홍수 등의 천재지변이야 어쩔 수 없지만, 여기에 가혹한 징수까지 가해지니 백성들은 굶어 죽을 수밖에 없었다. 임금에게 날아들어 그들의 슬픔을 하소연하게 한 이유가 바로 여기에 있다.

최근 우리는 코로나19로 인해 많은 어려움을 겪고 있다. 사회적 거리를 유지해야 하기 때문에 사람들을 제대로 만날 수도 없고, 개학도 몇 주 늦추었다. 그야말로 우리는 한 번도 경험해 보지 못했던 시대에 살고 있다. 이러한 위기의 시대일수록 위정자의 정치적 능력이 특별히 발휘돼야 한다. 무엇과도 바꿀 수 없는, 자국민의 생명을 보호할 의무가 이들에게 있기 때문이다. 어쩌면, 다산이 지하에서 다시 일어나 「조승문」을 새로 지을지도 모를 일이다.

정우락 _ 2020. 3. 12.

어느 시골 선비의 국가관

우리나라의 헌법 제1조는 "대한민국은 민주공화국이다. 대한민국의 주권은 국민에게 있고, 모든 권력은 국민으로부터 나온다."이다. 그 전문에는, "자율과 조화를 바탕으로 자유민주적 기본질서를 더욱 확고히 하여 정치·경제·사회·문화의 모든 영역에 있어서 각인의 기회를 균등히 하고, 능력을 최고도로 발휘하게 하며"라고 하기도 했다. 이 헌법은 1948년 7월 12일에 제정되고 8차에 걸쳐 개정되었다.

나는 여기서 한 사람의 시골 선비를 기억한다. 정재화(1905~1978)가 바로 그이다. 그는 자가 자실(子實), 호가 후산(厚山)인데 경상북도 성주에 살았다. 전통지식인으로서 세상을 떠날 때까지 상투를 틀어 보발(保髮)을 하였으며, 한문으로 의사소통을 하였고, 두루마기에 갓을 쓰고 출입하였다. 1905년 을사보호조약으로부터 시작된 그의 생애는, 1910년 경술국치, 1919년 3·1만세운동, 1945년 민족해방, 1950년 6·25동란, 1970년대의 조국 근대화를 고스란히 경험하였다.

특히 해방은 그에게 커다란 희망을 안겨 주었다. 일제는 단발령, 창씨개명 등으로 그의 삶을 압박해 왔는데, 해방은 이로부터 벗어날 수 있었기 때문이다. 이러한 그가 해방 후 시골에 살면서 대한민국의 정치형태가 '민주공화국'을 표방한다는 소식을 듣게 된다. 이에 그는 설레는 마음으로 민주공화국의 깃발을 도안하고, 거기에 설명을 덧붙였다. 「민주공화국기도설(民主共和國旗圖說)」이 그것이다.

민주공화국기는 동양의 5색을 바탕으로 했다. 5색은 중앙-황색, 동쪽-청색, 서쪽-백색, 남쪽-적색, 북쪽-흑색이다. 그는 중앙의 황색을 중심으로 동서남북 각 방향에서 저마다의 빛깔로 독립되어 있으면서도 공(工)자의 형태로 사방이 서로 어울리며 중앙으로 힘이 향하게 하였다. '민주'와 '공화'를 이렇게 표현한 것이다. 헌법 전문에서 제시한 '자율과 조화'를 나타낸 것이기도 하다. 서로 다른 빛깔로 '자유'로우면서도, 황색을 중심으로 '질서'를 갖추어야 한다는 생각을 담고자 한 것이다.

정재화는 도설에서 "천지를 국가에 견준다면, 중앙은 정부에 비견할 수 있어 사방과 서로 교류하면서 힘을 아우른다. 안을 포함하면서도 또한 밖으로 통하고 있으니, 이는 정부를 보호하는 지극한 뜻이다."라고 하면서, 사방의 백성들이 그들 고유의 빛깔로 자유로우면서 중앙의 정부를 중심으로 조화로워야 한다고 했다. 사방의 색은 더욱 확장되어 세계와 결부되기도 했다. 인류의 공영을 이렇게 나타낸 것이다.

나는 여기서 자유와 질서에 입각한 인간의 공존을 다시 생각한다. 자유는 인류가 지향하는 최대의 가치에 다름 아니다. 그러나 상대의 존재를 인정하지 않고 개인의 자유만 강조한다면 방종과 일탈로 흐르게 된다. 사회질서는 이로써 무너지고 공동체는 마침내 파괴된다. 약육강식의 세계가 도래하게 된다는 것이다. 이 때문에 국가는 때로 법률을 만들어 개인의 자유를 일부 제한하지 않을 수 없었다.

지난 4월 15일, 제21대 국회의원선거가 치러졌다. 민주당-시민당 180

석, 통합당-미래한국당 103석이 그 결과였다. 나는 여기서, 현대 한국인은 평등의 가치를 더욱 존중한다는 것과 진영 논리에 입각하여 상대의 생각을 거의 인정하지 않는다는 사실을 알게 되었다. 특히 진영논리는 다른 생각을 가진 사람을 타도해야 할 적쯤으로 생각하게 만든다. 조화와 공존은 요원한 딴 나라 이야기다. 내가 시골 선비 정재화의 「민주공화국기도설」을 떠올리며 '민주'와 '공화'를 다시 생각하는 이유도 바로 여기에 있다.

정우락 _ 2020. 4. 23.

가투놀이에 관한 추억

삼 남매가 어떤 놀이에 몰입해 있다. 형은 붉은색 카드를 쥐고, "태산이"라고 외쳤다. 이에 나와 여동생은 바닥에 흩어져 있는 푸른색 카드 가운데 "사람이 제 아니 오르고 뫼만 높다 하더라"라고 적힌 카드를 서로 빨리 찾기 위해 다투었다. 빨리 찾게 하기 위하여 '사람이'라는 부분은 큰 글씨로 써 두었다. 내가 그 카드를 먼저 찾으면 동생이 다음번엔 반드시 먼저 찾겠다며 별렀고, 동생이 먼저 찾으면 나 또한 그러하였다.

그런데, 이번엔 사정이 여의치 않았다. 형이 "청춘소년들아"라고 외쳤기 때문이다. 처음 들어 보는 것이었다. 눈이 휘둥그레져서 서로를 보고 있으니, 형이 "백발노인 웃지 마라"라고 하였다. 그래도 알지 못하자, "공변된 하늘아래 넌들 얼마 젊었으리"라고 했다. 이 역시 생소한 구절이었다. 이에 형은, 마지막까지 다 읽어 주었다. "우리도 소년행락이 어제런듯 하여라." 그제야 우리는 마지막 구절이 적힌 카드를 먼저 찾기 위해 아우성을 쳤다.

어린 시절 우리 삼 남매가 벌인 가투(歌鬪)놀이의 한 장면이다. 이 가투는 집에 전해져 오던 것이었는데, 아마도 아버지께서 갖고 노시던 것이 아니었나 한다. 놀이 방법은 초등학교 선생님이었던 아버지로부터 배웠다. 가투의 붉은색 카드에는 초·중·종장이 모두 적혀 있고, 푸른색 카드에는 종장만 적혀 있었다. 종장의 첫 구는 조금 큰 글씨로 쓰여 있어 쉽게 볼 수 있도록 했다. 시조 100수가 이러한 형태로 되어 있는데, 종장을 많이 모으면 이기는 게임이다.

화투(花鬪)에 대해서는 모르는 사람이 없을 터인데, 가투에 대해서는 아는 사람이 거의 없다. 가투의 기원은 일본 메이지[明治] 시대 이래 정월 민속으로 전래한 가투놀이인 듯하나, 조선시대부터 있어 왔던 시패(詩牌)놀이와도 일정하게 맥이 닿는다. 시패놀이는 한자를 한 글자씩 써 넣은 패쪽을 하나씩 집고 내놓으며 먼저 시구 한 줄을 맞추는 게임인데, 주로 남성 지식인이 그 놀이를 즐겼다.

시패놀이가 남성 중심의 놀이였다면, 가투놀이는 1920년대 초부터 1940년대까지 유행했던 여성 중심의 놀이였다. 가투놀이는 이후 시조놀이로 이름이 바뀌었으며, 시조 시인 이은상이 시조 100수를 선정하고, 화가 최영수가 거기에 삽화를 그려 넣어 가투를 새롭게 하기도 했다. 이어 동아일보사에서는 1936년에 제1회 '부인 가투의 밤'이라는 행사를 개최했다. 이 대회는 1940년까지 진행되었으니, 4회에 걸쳐 이루어진 것이다.

남성 지식인 중심의 시패놀이가 전통적으로 있어 왔지만 여기에 적극적으로 참여할 수 없었던 여성들을 위하여, 일본의 가투놀이를 수입해 자국화 한 것이 우리의 가투놀이다. 일제 치하의 민족 담론 속에서 당시 문단에서는 시조가 부각되었고, 국민문학파의 시조부흥운동 역시 이러한 분위기 가운데 전개되었다. 1922년 불선사본 「가투」, 1927년 신민사본 「정선 화가투」, 1935년 한성도서본 「시조노리」의 제작은 바로 이 같은 추세를 반영한 것이다.

나의 어린 시절을 되돌아보면 놀이가 공부이고 공부가 놀이인 때가 있었다. 가투놀이가 바로 그것이다. 조부로부터 회초리를 맞아 가면서 배운 한문과는 달리, 우리 삼 남매가 둘러앉아 벌였던 심각한 가투놀이는 참으로 흥미진진한 것이었다. 그 게임에서 이기기 위하여 나는 형과 동생이 없는 틈을 타서 몰래 가투에 접근해 시조를 외우기도 했다. 내 책상 위에는 어릴 때 갖고 놀던 가투가 지금도 놓여 있다. 어쩌면 이 가투 덕분에 내가 현재 국어국문학과에서 고전문학 교수 노릇을 하고 있는지도 모르겠다.

정우락_2020. 9. 10.

제2부

02 한국 고전시가와 지역 문화

향가로 본 노래의 힘, 감동천지귀신(感動天地鬼神)

옛 신라인들의 노래인 향가는 고려 후기 일연에 의해 편찬된 『삼국유사』에 14수의 작품이 남아 있다. 그 외 고려 전기 『균여전』에도 불교의 교리를 담은 「보현십원가(普賢十願歌)」 11수가 남겨져 있긴 하지만 신라인들의 노래는 아니다. 기록을 살펴보면 통일신라 말기에 각간(角干) 위홍(魏弘)과 대구화상(大矩和尙)이 진성여왕의 명을 받아 편찬한 향가집 『삼대목(三代目)』이 존재했었다고는 하지만, 불행히도 현재 전해지지는 않는다. 만약 『삼대목』이 소실되지 않고 지금도 남아 있었다면 우리의 향가 문학은 더욱 풍성했을 것이다. 이러한 상황에서 『삼국유사』 소재 향가 14수는 신라인들의 노래 문화를 이해할 수 있는 유일한 유산이라는 점에서 중요한 의미를 가진다.

신라인들에게 향가는 지배층과 피지배층 모두를 아우르는 노래였다. 마를 캐던 서동은 선화공주를 얻기 위해 노래를 지어 서라벌의 아이들에게 부르게 했고, 신라의 화랑과 승려들 또한 개인과 나라를 위해 향가를 지어 불렀으며, 신라 하대 원성왕과 같은 제왕도 향가인 신공사뇌가(身空詞腦歌)를 지었다는 기록이 남겨져 있다. 이처럼 신라인들은 노래를 지어 부르면서 사람과 자신을 둘러싼 세계를 이해하고자 했던 것으로 보인다.

또한 신라인들은 오랫동안 향가를 숭상하면서 노래가 사람만이 아닌 천지와 귀신까지 감동시킬 수 있는 힘을 가진 것으로 인식했다. 진평왕 때 융천사(融天師)는 「혜성가(彗星歌)」를 지어 왜군을 물러나게 했고, 경덕왕 때에는 두 해가 나란히 나타나는 변고를 없애기 위해 월명사(月明師)가 「도솔가(兜率歌)」를 짓기도 하였다. 신라 성덕왕 때에는 동해 용에게 납치당한 수로부인을 구하기 위해 「해가(海歌)」라는 노래를 지어 부르기도 하였으며, 「처용가(處容歌)」는 신라인들에게 역신을 물리치는 노래로 널리 알려졌다. 이 외에도 신라인들은 「도천수대비가(禱千手大悲歌)」를 통해 어린 아이의 눈을 뜨게 하고, 「우적가(遇賊歌)」를 불러 도적을 감화시키기도 하였다. 이처럼 신라인들에게 노래는 사람을 감화하여 변화시키고, 하늘의 변괴나 재해, 그리고 질병을 물리칠 수 있는 힘을 가진 것으로 인식되었다.

현대에도 노래가 사람과 세상을 변화시키는 장면을 우리는 더러 본다. 1985년 서구의 팝스타들이 아프리카 난민을 위해 불렀던 <We Are The World>와 같은 노래, 1989년 베를린 장벽의 붕괴를 이끌었던 영국 가수 데이비드 보위의 <Heroes>와 같은 노래는 세계사적 전환의 중심에서 세계인들에게 널리 사랑받았던 노래들이다. 또한 최근 K-pop의 선두주자인 BTS는 최초로 유엔 총회장에서 <Permission To Dance>를 불러 세계의 젊은이들을 열광시킨 바 있다. 이처럼 저 멀리 신라인들이 노래를 통해 사람과 세계를 변화시키고자 했던 생각은 지금의 시대에도 여전히 유효한 것처럼 보인다.

그러나 역병에 고통받던 신라인들처럼 전 세계는 지금도 여전히 코로나 팬데믹에 고통받고 있으며, 신라인들이 왜군의 침략을 두려워했던 것처럼 저 멀리 동유럽의 우크라이나에서는 전쟁의 포연이 솟아오르고 있다. 우리 사회 또한 구성원들의 반목과 대립이 더욱 극심해지고 있어 우려되는 것 또한 사실이다. 어쩌면 지금이 진정 신라인들이 꿈꾸었던 향가의 힘, 즉 노래의 힘이 우리 사회와 세계에 필요한 것은 아닌지 생각해 본다.

조유영_2022. 4. 7.

「청산별곡」을 꿈꾸는 시대

"살어리 살어리랏다. 청산에 살어리랏다. 머루랑 다래랑 먹고 청산에 살어리랏다. 얄리얄리 얄라셩 얄라리 얄라."

우리의 수많은 고전시가 작품 중에서 한국 사람이라면 누구나 알고 있을 법한 작품이 「청산별곡」이다. 중고등학교 국어 시간 언제쯤에 한 번은 배웠던 노래이기도 하고, 작품에 대해 세세히는 알지 못해도 위의 구절 정도는 어디선가 들어본 적도 있기 때문이다. 그래서인지 인터넷에서 '청산별곡'을 검색해 보면 수많은 한정식 식당의 상호가 '청산별곡'이기도 하고, 자연 친화적 삶이나 전원의 목가적 삶을 상징하는 말로 널리 쓰이는 것이 '청산별곡'이기도 하다.

「청산별곡」은 고려시대에 지어진 노래로 알려져 있다. 그러나 작자가 누구인지, 어떠한 배경에서 창작되었는지, 창작 동기는 무엇인지 등에 대한 구체적인 기록을 확인할 만한 자료는 현재 남아 있지 않다. 다만 「서경별곡(西京別曲)」이나 「만전춘별사(滿殿春別詞)」와 같은 고려가요 작품들이 대부분 그러하듯, 당대 저잣거리에서 유행하던 노래가 고려 왕실의 궁중 속악(俗樂)으로 수용되면서 구전으로 전승된 것으로 추측할 뿐이다. 이후 「청산별곡」은 조선 전기 세종대왕에 의해 훈민정음이 창제

된 다음, 궁중 음악을 정비하는 과정에서 『악장가사(樂章歌詞)』 및 『시용향악보(時用鄕樂譜)』 등의 악서(樂書)에 한글로 기록되어 지금까지 전해져 오고 있다.

「청산별곡」은 '얄리얄리 얄랑셩 얄라리 얄라'와 같이 입에 착 달라붙는 후렴구와 '살어리 살어리랏다. 청산에 살어리랏다'처럼 반복에 의한 뛰어난 음악성을 가지고 있어 고려가요가 가진 형식적 아름다움을 잘 보여 준다. 더불어 현실의 고통과 비애를 벗어나 청산과 같은 이상향을 꿈꾸는 인간의 보편적 감성을 고도의 상징과 이미지를 통해 형상화하고 있기에 뛰어난 문학성을 가진 작품이라고도 할 수 있다. 하지만 이러한 문학적 가치만으로 「청산별곡」이 현대인들에게 공감을 얻고 있는 것은 아니다.

요즘 TV를 켜면 <나는 자연인이다>와 같은 부류의 프로그램을 너무나 많이 볼 수 있다. 사람의 발길이 닿지 않는 오지의 산골에서 세속을 벗어나 자연인으로 살아가는 사람들의 모습에 현대인들은 열광한다. 그리고 도시 주변을 조금만 벗어나 보면 여기저기 전원주택이 수도 없이 지어지고, 은퇴 후 귀촌을 꿈꾸는 이들 또한 많아졌다. 이러한 현상은 도시에서 태어나 콘크리트 아파트에서 살아가고, 높은 고층 빌딩이나 회색빛의 공장 속에서 일하며 평생을 살아가는 현대인들에게 더 이상 도시의 삶이 마냥 행복하지는 않기 때문일 것이다.

도시 안에서의 끊임없는 경쟁과 물질적 욕망 속에서 지쳐 가는 현대인들에게 자연은 그들에게 하나의 이상향이 되어 가고 있다. 「청산별곡」의 화자가 이상향인 청산과 바다를 찾았던 것처럼 현대인들 또한 그들이 꿈꾸는 행복을 자연 속에서 찾고자 하는 것이다. 그러나 「청산별곡」

의 마지막 부분을 보면 화자는 이상향인 청산과 바다를 결국 찾아가지 못하고, 술로 시름을 달래며 체념한다. 결국 현실에서 고통받는 인간이 갈 수 있는 이상향은 이 세상 어디에도 존재하지 않을지도 모른다. 현대인들이 꿈꾸는 전원의 삶 또한 그 속에는 엄연한 현실이 존재할 수밖에 없을 것이다. TV에 등장하는 자연 속 전원의 낭만적인 모습은 현대인들이 가진 삶의 고통에 기대어 만들어 낸 달콤한 환상은 아닐까.

조유영_2021. 2. 25.

「덴동어미화전가」, 절망의 시대를 살아가는 방법

여전히 올해 봄도 코로나19가 극성이다. 팬데믹 상황 속에서 마스크 착용과 거리두기는 우리에게 일상이 된 지 오래다. 이런 답답한 상황이 1년이나 지속되다 보니, 불안감과 우울감을 호소하는 이들도 주변에 많다. 또한 팬데믹의 장기화에 의한 경기침체는 우리 사회의 경제적 불평등을 더욱 심화시켜 사람들에게 분노와 절망을 안겨 주고 있기도 하다. 어쩌면 지금 우리는 희망보다는 절망의 시대를 살아가고 있는 것인지도 모르겠다. 이러한 시대에 나는 「덴동어미화전가」를 다시 떠올린다.

「덴동어미화전가」는 경북대도서관본 『소백산대관록』에 수록되어 있는 장편의 내방가사(內房歌辭)이다. 내방가사는 조선 후기 영남지역 여성들을 중심으로 그들의 생활 감성과 풍부한 예술성을 담아낸 고전여성문학의 한 갈래이다. 「덴동어미화전가」 또한 조선 후기 경북 순흥 지역 부녀자들의 봄날 화전(花煎)놀이를 기록한 작품으로, '덴동어미'라는 한 여성의 파란만장한 인생 역정이 액자식 구성으로 담겨 있어 주목된다.

이 작품은 봄이 무르익는 음력 삼월, 마을의 부녀자들이 비봉산으로 화전놀이를 떠나는 것으로 시작된다. 그리고 한창 화전놀이를 즐기던

중, 17세의 청상과부가 자신의 신세타령과 함께 개가(改嫁)에 대한 고민을 털어놓게 되는데, 이를 들은 덴동어미가 그녀를 위로하기 위해 자신이 살아온 삶의 굴곡을 늘어놓는다. 덴동어미는 순흥읍내 이방의 딸로 16세에 예천읍내 장이방의 아들에게 시집을 갔지만, 한 해 만에 남편을 잃는다. 다시 개가하여 상주읍내 이상찰의 아들에게 시집을 가지만 시댁이 망해 남편과 함께 유리걸식하는 신세가 된다. 이후 경주의 큰 여각에서 허드렛일을 하며 악착같이 돈을 모았지만 갑작스런 괴질에 남편도 죽고, 돈을 빌려준 사람들까지 모두 죽는 암담한 상황에 처하게 된다. 세 번째로 옹기장사를 하는 황도령을 만나 함께 살게 되지만, 황도령 또한 폭우로 인한 산사태로 죽게 되고 그녀는 다시 절망에 빠지게 된다. 하지만 주막집 아낙의 권유에 의해 네 번째 남편인 엿장사 조첨지를 만나 아들까지 낳고 잠시 행복해지지만, 엿을 고다 생긴 화재에 또다시 남편을 잃고 아들까지 심한 화상을 입는다.

이처럼 덴동어미의 삶은 끊임없는 시련과 절망의 연속이었다. 인생을 바꾸기 위한 그녀의 노력은 매번 가혹한 운명에 의해 좌절할 수밖에 없었고, 결국 화상으로 불구가 되어 버린 어린 아들 덴동이를 업고 예순이 넘어 고향으로 돌아올 수밖에 없었다. 그러나 그녀가 이러한 혹독한 시련과 절망 속에서도 삶을 살아 낼 수 있었던 것은 주변의 사람들 때문이었다. 유리걸식할 때에는 여각의 주인이 그녀의 손을 잡아 주었고, 황도령과 사별하였을 때는 주막집 아낙이 위로해 주었으며, 조첨지가 죽었을 때는 이웃집 여인의 말에서 삶의 의지를 찾았다. 고향에 돌아왔을 때에도 고단한 그녀와 아이를 안아 준 것은 이웃집 노인이었다. 이렇듯 덴동어미는 그녀에게 주어진 삶의 질곡을 사람들과 함께 극복해 나갔고, 그녀 또한 화전놀이에서 만난 젊은 청상에게 진실한 위로를 건네었다.

「덴동어미화전가」는 연대와 공감의 노래이다. 조선 후기 가부장제 사회에서 여성들은 그들에게 가혹했던 사회적 문제들을 적극적으로 해결하기는 어려웠지만, 그들만의 방식으로 서로의 고통을 위로하고 연대하면서 함께 살아갔다. 절망의 시대를 살아가는 지금 우리에게 필요한 것은 「덴동어미화전가」에서 보여 주는 주변 사람들과의 소통 그리고 공감과 연대이다. 그것만이 절망 속에 머무르지 않고, 다시 희망을 품을 수 있는 유일한 방법이다.

조유영_2021. 5. 20.

옛시조로 본 늙음에 대한 단상

최근 우리 사회에서 늙는다는 것은 마냥 부정적인 것으로만 여겨지는 것 같다. TV든 인터넷이든, 우리를 둘러싼 매체들에서는 젊음만을 찬미하고, 우리 주변에서는 나이에 비해 동안인 사람들을 부러워하는 목소리가 넘쳐 난다. 음식과 운동, 또는 성형이나 의약품과 같은 의료 기술에 기대어, 조금이나마 젊음을 유지하기 위해 노력하는 현대인들의 모습에서 불로불사(不老不死)를 꿈꾸었던 진시황의 이야기가 먼 옛날의 이야기로만 들리지는 않는다. 그러나 늙음이란 늘 인간에게 인간 존재의 가장 근원적 고민을 던져 주는 문제이며, 인간이 가진 유한성을 자각하게 하는 중요한 삶의 모습이기도 하다. 모든 생명체가 그러하듯이 사람은 태어나면서부터 죽음을 향해 나아가는 존재이다. 그러한 까닭에 태어나 자라고, 늙어 갈 수밖에 없는 것이며, 이러한 삶의 궤적은 고금을 통틀어 누구도 비켜 나가지 못하는 길이었다. 옛사람들에게도 이러한 늙음의 문제는 매우 중요한 삶의 고뇌일 수밖에 없었던 것으로 보인다. 현재 남아 있는 수많은 탄로가(歎老歌) 계열 시조들이 이러한 사실을 방증한다.

고려 후기의 학자였던 우탁(禹倬, 1262~1342)도 탄로가를 남기고 있어 주목된다. "한 손에 가시를 들고 또 한 손에는 막대를 들고, 늙는 길 가

시로 막고 오는 백발 막대로 치려 했더니, 백발이 제 먼저 알고 지름길로 오더라." 우탁의 이 시조는 인간의 힘으로 어쩔 수 없는 늙음의 문제를 다루고 있다. 가시와 막대로 표상되는 인간의 인위적인 노력은 늙음이라는 우주적 질서를 막아서지 못한다. 그리고 체념할 수밖에 없는 인간의 진솔한 감정이 작품의 문면에 고스란히 드러난다. 조선 중기의 문인이었던 신계영(辛啓榮, 1577~1669) 또한 여러 편의 탄로가를 남겼다. "사람이 늙은 후에는 거울이 원수로다. 마음이 젊어 옛 얼굴로만 여겼더니, 흰 머리 찡그린 얼굴을 보니 다 죽어 가는 모습이네." 작가는 도입부에서 거울이 원수라 하였다. 그리고 마음은 항상 젊게만 느껴져 나이를 먹는 줄 몰랐는데, 이제 거울을 보니 흰 머리와 찡그린 얼굴만 남아 있어 다 죽어 가는 모습이라 하였다. 인간은 시간의 흐름에 따라 늙어 가는 자신을 인식하지 못하고 살아가는 경우가 많다. 그러다 문득 뜻하지 않은 계기로 인해 늙음을 자각하고 슬퍼하는 경우가 많은데, 신계영의 시조는 인간의 이러한 보편적 상황을 절묘하게 포착하고 있다. 이처럼 옛사람들 또한 늙음의 문제는 보통 고민이 아니었던 것 같다. 특히 위의 시조에도 드러나듯이 늙음이 죽음과 결부될 때 사람들은 늙음을 더욱 부정하고 멀리 달아나려 애써 왔다. 그러나 진실은 누구도 늙음의 운명적 시련을 회피할 수 없다는 데 있다.

현대 과학 기술의 발달은 인간이 더욱 오랫동안 젊음을 유지하게 해주는 데 많은 도움을 주고 있다. 그리고 100세 시대라는 말처럼, 인간의 수명은 앞으로도 더욱 늘어날 것으로 예측된다. 이러한 상황에서 늙음의 문제는 현대 사회의 변화와 함께 이전 시대와는 다른 무게로 다가온다. 요즘 들어 많이 들리는 웰빙(Wellbeing), 웰에이징(Wellaging), 웰다

잉(Welldying)이라는 말은 이러한 변화를 잘 보여 주는 대표적인 말이다. 사람답게 살고, 사람답게 늙고, 사람답게 죽는 것을 의미하는 이 말들은 결국 인간이 가진 근원적 고뇌와 함께 이전 시대와는 달라진 삶의 모습을 담아낸다. 그러나 이러한 구호들이 우리 사회에서 제대로 실천되고 있는가에 대한 물음은 여전히 남는다. 건강한 늙음보다는 젊음만을 추구하는 욕망이 만들어 낸 기형적 현상들이 우리 사회에 팽배해 있기 때문이다. 출산율이 극도로 낮아지고 의료 기술이 한층 발달해 가는 상황에서 초고령화 사회는 어느덧 우리 눈앞에 다가와 있다. 이러한 변화에 우리는 충분히 대비되어 있는가를 돌아봐야 할 때다.

조유영_2019. 12. 26.

일제강점기 강제 징병의 기록, 한글가사 「춘풍감회록」

어느새 76주년 광복절이 며칠 앞으로 다가왔다. 우리 민족이 일제의 압제에서 벗어나 다시 광명을 찾은 날이 광복절이다. 코로나19의 맹위 속에도 광복절을 맞이하여 일제에 항거했던 순국선열들과 독립유공자들의 위훈을 기리는 여러 행사들이 국내외에서 펼쳐질 것으로 보인다. 그러나 광복절이 가지는 이러한 역사적 의미보다는 대체공휴일이 언제인지에 더 관심을 가지는 사람들이 우리 주변에는 더 많다. 지금 우리는 민족의 아픈 역사인 일제강점기와 그 시대를 치열하게 살았던 수많은 이들을 너무 빨리 잊어 가고 있는 것 같기도 하다.

일제강점기라는 엄혹한 시대를 살아 내었던 이들 중에는 항일 운동에 적극적으로 참여하여 역사에 그 이름을 남긴 우국지사(憂國之士)들만 있었던 것은 아니다. 나라 잃은 고통과 슬픔을 온몸으로 받아 내었던 다수의 사람들도 존재했었다. 일제에 의해 위안부로 끌려갔던 이 땅의 여성들, 강제 징용과 징병에 의해 머나먼 이국의 땅에서 희생되었던 이름 없는 이들이 그들이다.

경북대학교 국어국문학과 백두현 교수에 의해 최근 발굴된 한글가사 「춘풍감회록」은 일제강점기 강제 징병에 의해 중국으로 끌려갔던 식민지 청년의 고난을 전통적 문학 양식으로 담아내고 있어 주목된다. 이 작품의 작자이면서 실제 주인공인 김중욱은 경북 봉화 출신으로 조선인에 대한 강제 징병이 본격화되었던 1944년 7월, 평양의 일본군 군영으로 징집되어 얼마 후 중국으로 떠난 인물이다. 그는 만주에서부터 장강 이남 지역까지 여러 전장을 옮겨 다니면서 일본군의 일원으로 치열한 전투에 참여하게 되는데, 그 과정에서 일본군들이 저지르는 잔인한 만행을 직접 목도한다. 이후 1945년 3월 그는 목숨을 걸고 일본군 진지에서 탈출하여 고생 끝에 중국군에 귀순하고, 중국군의 선무조(宣撫組)가 되어 다시 일본군과 싸운다. 그리고 그해 8월 광복을 맞이하여 배편으로 서해를 건너 고국으로 돌아온 후, 약 2년 뒤인 1947년 이 작품을 완성한다. 이렇듯 「춘풍감회록」은 일제강점기 말 약 1년간 강제 징병에 의해 중국으로 끌려간 김중욱이라는 청년의 시련과 고난을 사실적으로 그린 기록문학이다. 그리고 이 작품은 강제 징병 관련 기록 중에서도 보기 드물게 징병 당사자가 직접 남긴 한글가사 작품이라는 점에서 매우 중요한 의미를 가진다. 또한 일제강점기 식민지인의 삶을 구체적으로 살펴볼 수 있는 근현대 기록문화유산 자료라는 점에서도 큰 가치를 지닌다.

김중욱은 「춘풍감회록」의 말미에 "이 노래를 고 이수호, 고 김춘섭 두 영전에 고하며 동시에 우리를 보호하여 주었던 중국군 장교들에게 감사의 뜻을 표한다."라고 기록하고 있다. 그가 여기에서 언급한 '이수호'와 '김춘섭'은 아마 강제 징병된 조선인으로서 그와 함께 일본군을 탈출한 동지들이었을 것이다. 그러나 김중욱이 광복 이후 다시 고국으로 돌아온 것에 비해, 그들은 결국 타국의 땅에서 불귀의 객이 되어 버렸던 것으로 짐작된다. 그런 까닭으로 김중욱은 함께 돌아오지 못한 그들을 자신이 창작한 「춘풍감회록」을 통해 기억하고자 한 것이다.

다가오는 76주년 광복절에는 수많은 순국선열들과 독립운동가들뿐만 아니라, 역사의 기록에 남겨지지 못한 다수의 희생자들 또한 우리가 기억할 필요가 있다. 이를 위해 대구의 '희움 일본군 위안부 역사관'이나, 부산에 위치한 '국립일제강제동원역사관'과 같이 역사의 뒤안길에서 사라져 갔던 이들을 추모할 수 있는 공간을 우리가 한번 찾아보는 것도 좋지 않을까?

조유영_2021. 8. 12.

동계 정온의 제주 유배 시

제주는 여름의 뜨거움이 언제였는지조차도 까마득할 만큼 가을색으로 가득하다. 그래서인지 요즘 늦가을의 제주를 즐기기 위한 여행객들이 관광지를 중심으로 가득하다. 하지만 조선시대 제주는 절해고도의 유배지였다. 제주에서 유배 생활을 했던 이들 중에는 우리에게도 잘 알려진 이들도 많은데, 인조반정에 의해 폐위된 광해군이나, 서예가로 유명한 추사 김정희, 구한말 항일의병운동을 벌였던 면암 최익현 등 많은 이들이 제주에서 고통과 시름의 나날들을 보냈다.

조선 중기 문인인 동계(桐溪) 정온(鄭蘊, 1569~1641)도 그중 하나이다. 동계는 한강 정구와 내암 정인홍을 사사했던 인물로, 불혹을 넘긴 나이에 관직에 진출하여 광해군 및 인조 연간의 내우외환(內憂外患) 속에서 치열한 삶을 살았던 선비이다. 그가 10년간의 유배 생활을 하게 된 이유는 1614년 광해군에게 올렸던 「갑인봉사(甲寅封事)」 때문이다. 그는 이 상소에서 선조의 적장자였던 영창대군의 죽음과 관련된 이들에 대한 강한 처벌을 주장함으로써 광해군의 분노를 사, 머나먼 제주도 대정현에 위리안치되는 형벌을 받았다.

동계는 비슷한 시기 제주로 유배를 와 바둑과 거문고로 답답한 마음을 달랬던 송상인(宋象仁)이나 이익(李瀷)과는 달리, 유배 생활 중에도 항상 글을 읽으며 공부에 몰두하였던 것으로 보인다. 하지만 제주의 날씨와 풍토는 육지와는 달라 그를 매우 힘들게 하였고, 늘 고향의 모친과 처자식을 그리워하였다. 그러한 까닭으로 「황혼에 달을 보고[黃昏見月]」라는 시에서 그는 "대발은 성기고 차가운데 달빛이 비껴들고, 수심 어린 사람을 쫓아 하얀 머릴 비추네, 오늘 밤 고향에선 응당 저 달을 함께 보고, 아내와 아이들은 하늘 끝 바라보며 눈물 흘리겠지.[竹簷疎冷月光斜, 尋逐愁人照鬢華, 今夜故園應共見, 妻兒垂淚望天涯.]"라고 노래하였다.

또한 그는 유배형을 받았던 많은 이들이 그러했던 것처럼, 자신에게도 언제든 죽음이 닥쳐올지 모른다는 두려움과 공포를 가지고 있었던 것 같다. 「우연히 짓다[偶成]」라는 작품에서 그는 "북쪽에서 오는 소식은 모두가 겁이 나, 밤엔 등불로, 낮엔 돈을 던져 점을 치네, 죽고 사는 것 오로지 도외시할 줄 알기에, 술에 의지하여 애타는 마음을 풀어 보련다.[北來消息俱堪怕, 夜卜燈花晝擲錢, 生死固知拋度外, 且憑杯酒解憂煎.]"라고 노래하였다. 적소(謫所)의 죄인이 가질 수밖에 없는 죽음에 대한 원초적 두려움과 이러한 두려움을 벗어나기 위해 술에 의지했던 동계의 모습이 이 시에서 잘 드러난다. 한평생 강직하게 살았던 동계 또한 유배지에서는 죽음에 대한 공포와 두려움을 가진 한 명의 인간이었던 것이다.

이 외에도 동계는 유배 생활 속에서 현지인들의 삶을 관찰하고, 이를 시로 남기기도 하였다. 대표적인 작품이 「가난한 여인의 노래[貧女吟]」이다. 이 시에서 그는 "흰옷 입은 가난한 여인, 모습이 말이 아닌데, 등불 아래 바늘 들고 옷을 꿰매네, 밤이 깊도록 졸면서 옷을 풀지도 못하고, 아침이면 좁쌀을 빌어 또 방아를 찧어야 하네.[縞衣貧女不爲容, 燈下持針

事補縫, 夜久假眠衣不解, 明朝貸粟又孤春.]"라고 노래하여 현지인들에 대한 관심과 애정을 드러내었다.

이후 동계는 약 10년간의 유배 생활을 마치고 육지로 돌아간 이후에도 제주 사람들의 가슴 속에 남았던 것 같다. 17세기 중반에 세워진 귤림서원(橘林書院)에 충암 김정, 규암 송인수, 청음 김상헌, 우암 송시열과 함께 오현(五賢)으로 배향됨으로써, 제주지역의 사표(師表)로서 오랫동안 각인되었기 때문이다.

조유영_2021. 11. 4.

지역 문학과 지역민의 소통, 그리고 공감

조선 전기를 대표하는 문인이었던 서거정(徐居正, 1420~1488)의 본관은 달성이다. 비록 그는 외가인 경기도 임진현에서 태어나 자랐지만, 친향(親鄕)인 대구에 남다른 애정과 관심을 가졌다. 관직에 있을 때에는 대구 경재소(京在所)의 당상(堂上)을 맡아 동향의 인재들이 조정에서 날개를 펼칠 수 있도록 돕기도 하고, 대구로 부임하는 지방관들에게는 지역의 문화를 부흥시켜 주기를 당부하기도 하였다.

서거정의 이러한 관심은 대구의 명소 10곳을 대상으로 한 10수의 칠언절구(七言絶句)로 구체화되었는데, 「대구십영(大丘十詠)」 또는 「달성십경(達城十景)」 등으로 불리는 작품이 그것이다. 각각의 제명(題名)은 금호강의 뱃놀이[琴湖泛舟], 삿갓바위에서의 낚시[笠巖釣魚], 연귀산의 봄 구름[龜峀春雲], 금학루의 밝은 달[鶴樓明月], 남쪽 연못의 연꽃[南沼荷花], 북벽의 향나무 숲[北壁香林], 동화사의 스님 찾기[桐華尋僧], 노원의 송별[櫓院送客], 팔공산의 쌓인 눈[公嶺積雪], 침산의 저녁노을[砧山晩照]이며, 현재에도 대구의 명소로 사랑받고 있는 금호강과 동화사, 팔공산, 도동 측백나무 숲 등이 다수 포함되어 있다. 「대구십영」은 대구를 사랑했던 서거정의 감성과 당대 대구의 풍경이 담겼다는 점에서 지역문학으로서의 가치가 높은 작품이다.

서거정의 「대구십영」은 후대 문인들에게도 많은 영향을 미쳤다. 조선 중기 대구지역을 대표하는 문인이었던 손처눌(孫處訥, 1553~1634)은 「대구십영」에 대한 감상을 쓴 시에서 "서거정의 십영은 그 이름이 영원할 것이며, 시는 일대의 시단을 울렸네.[徐子十詠名不朽, 詩鳴一代擅騷壇.]"라고 평가하였고, 조선 중기 경상도관찰사를 지냈던 오숙(吳䎘, 1592~1634)은 「대구십영」을 차운하여 「달성십영차서사가운(達城十詠次徐四佳韻)」을 지은 바 있다. 근세에 들어서도 1949년 봄 대구향교를 출입하던 지역의 유림들을 중심으로 「대구십영」을 계승한다는 취지에서 대구팔경을 선정하고, 1951년 『대구팔경시집(大邱八景詩集)』을 간행한 바 있다. 이때 참여한 지역인사가 182명, 그들이 창작한 시가 모두 1,456수에 달한다는 점에서 이 시기 유림들의 지역에 대한 관심과 애정을 짐작하게 한다. 그들이 선정한 대구의 풍경은 '달성의 맑은 남기[達成靑嵐]', '앞산의 봄 경치[南山春色]', '금호강 어부의 피리소리[琴湖漁笛]', '와룡산의 뜬구름[龍山歸雲]', '신천의 밝은 달[新川霽月]', '동화사의 저녁 종소리[桐寺暮鐘]', '영선못의 가을 연꽃[靈池秋蓮]', '고야 들판의 벼[古野禾黍]'였다. 이들은 서거정이 살았던 조선 전기의 대구와 그들이 살고 있는 근세 대구의 지역적 변화를 인식하면서 팔경을 선정하고, 이를 토대로 팔경시를 창작하였다. 이러한 문화적 현상은 결국 서거정의 「대구십영」이 대구를 대표하는 지역의 문학으로 그들에게 인식되고 있었기에 가능한 일이었으며, 대구가 가진 지역적 정체성을 찾고자 하는 나름의 노력으로 이해할 수 있다.

최근 대구시에서는 현대적 인문경관과 전통적 경관을 함께 포함하여 대구 12경을 설정하고 지역의 관광자원으로 홍보하고 있는 상황이다. 그러나 대구를 상징하는 랜드마크로서 강정 고령보나 대구스타디움, 83타워 등이 지역 공동체 내에서 얼마나 지역민들의 감성을 자극하면서 공동체의 유대와 결속을 만들어 내고 있는가에 대해서는 의문이 든다.

이제 새로운 「대구십영」이 필요한 시점이다. 그리고 이러한 관점에서 지역문학의 역할을 고민해야만 한다. 지역문학은 지역민의 삶과 터전이 주요한 배경이 되며, 지역민은 지역문학을 통해 자신이 딛고 있는 지역을 새롭게 인식한다. 그래서 누군가는 "문학에서 지역은 운명적이다."라고 말한 것일 터이다. 지역민이 공감할 수 있는 지역문학을 통해 지역 공동체의 유대와 결속을 도모할 필요가 있다.

조유영_2019. 5. 30.

인간과 자연의 오래된 만남, 구곡 문화

성리학을 집대성했던 남송(南宋)의 주자(朱子, 1130~1200)는 만년에 중국 복건성 무이산(武夷山)에 무이정사(武夷精舍)를 짓고 은거구도(隱居求道)하면서 무이산 계류(溪流) 아홉 구비를 배경으로 10수의 「무이도가(武夷櫂歌)」를 지었다. 주자 성리학을 적극적으로 받아들인 조선조 선비들은 주자의 무이산 은거를 유자(儒者)의 이상적인 삶의 모습으로 인식하면서 이 땅에 수많은 구곡원림(九曲園林)들을 설정하고, 자신의 구곡시가(九曲詩歌)를 창작하였다. 이처럼 우리의 구곡문화는 주자의 무이구곡 경영과 「무이도가」의 영향을 받아 만들어진 것이 사실이다. 하지만 모든 문화가 다른 문화와의 관계 속에서 새로운 문화로 창출된다는 점을 상기해 볼 때, 우리의 구곡문화 또한 이 땅의 자연 환경과 인문 사회적 배경 속에서 만들어진 우리의 문화라 할 수 있다.

영남지역의 구곡문화를 살펴보면 다른 어떤 지역보다 구곡문화가 성행한 곳임을 알 수 있다. 특히 지역의 강한 유학적 전통은 구곡문화를 오랫동안 지속할 수 있는 힘이 되었으며, 또한 산간 분지 사이에 형성되어 있는 크고 작은 하천들 및 수려한 자연환경은 구곡문화의 발전에 중요한 요인이 되었다. 또한 그중에서도 대구는 북쪽의 팔공산, 남쪽의 비슬산과 서쪽의 와룡산 등에 둘러싸인 분지 지형으로, 그 사이를 낙동강과 금호강, 신천이라는 크고 작은 하천이 흐르고 있어 구곡문화 발달이 용이할 수밖에 없었던 지역이다.

이러한 대구지역의 구곡을 크게 셋으로 나눈다면 먼저 팔공산을 배경으로 조성된 구곡들이 존재하는데, 조선 후기 최효술(崔孝述, 1786~1870)의 농연구곡(聾淵九曲)이 대표적이다. 최효술은 대산(大山) 이상정(李象靖, 1711~1781)의 벗이었던 백불암(百弗庵) 최흥원(崔興遠, 1705~1786)의 증손이다. 최흥원은 1755년 팔공산 용수천에 농연정(聾淵亭)을 건립하면서 구곡 경영의 기반을 마련하였고, 이후 최효술은 「농연구곡시」를 창작하여 농연구곡을 확립하였다.

대구 남쪽의 비슬산 내지 최정산을 중심으로 설정된 구곡들 또한 다수 존재한다. 대표적인 구곡으로 수남구곡(守南九曲)을 들 수 있는데, 수남구곡은 최근 달성군에서 편찬한 『달성군지』(1992)를 통해 그 존재를 확인할 수 있다. 하지만 언제 누구에 의해 경영되었는지가 구체적인 기록으로 남아 있지 않아 그 실체를 명확히 알 수는 없다. 그러나 구곡이 펼쳐져 있는 가창 우록리 일대가 주자 성리학의 전통이 오랫동안 그 영향력을 지속해 왔던 지역이라는 점에서 수남구곡이 실제 존재했었을 가능성은 매우 크다.

대구 서쪽 와룡산 일대의 낙동강 및 금호강을 중심으로 조성된 구곡들 중 대표적인 구곡으로는 조선 후기 우성규(禹成圭, 1830~1905)에 의해 경영된 운림구곡(雲林九曲)을 들 수 있다. 우성규는 호를 경도재(景陶齋)라고 칭했을 정도로 퇴계를 깊이 존숭했던 인물이었다. 그리고 그가 설정한 운림구곡은 사문진 나루의 용산에서 시작하여 조선 중기 한강(寒

岡) 정구(鄭逑, 1543~1620)의 강학처(講學處)인 사양정사(泗陽精舍)까지, 물길을 거슬러 오르며 설정된 구곡이다.

이 외에도 대구지역에는 채준도(蔡準道, 1834~1904)의 문암구곡(門巖九曲), 채황원(蔡晃源, 1883~1971)의 거연칠곡(居然七曲), 신성섭(申聖燮, 1882~1959)의 와룡산구곡(臥龍山九曲) 등 다수의 구곡이 경영되었으며, 근세까지 구곡문화가 활발하게 살아 있었던 지역이었다. 그러나 현재 대구 사람들 중에는 우리 지역에 이러한 구곡문화가 존재했었는지조차도 아는 사람이 드물다. 조선 후기를 넘어 근세까지도 이어진 우리의 구곡문화는 산과 하천이라는 자연경관과 서원 및 정사와 같은 인문경관이 함께 어우러지는 복합적인 전통문화유산이라는 점에서 특별한 가치를 가진다. 요즘 같이 맑은 가을날, 대구의 산과 하천을 찾아 옛 선현들의 구곡을 걸어 보는 것은 어떨까?

조유영_2019. 10. 17.

우리 곁의 숨겨진 전통, 대구의 서원

1년 전인 2019년 7월 한국의 서원은 유네스코 세계유산에 등재되었다. 인류가 오랫동안 기억하고 보전해야 할 가치 있는 문화유산으로 우리의 서원이 세계에 공인받게 된 것이다. 이때 유네스코에 등재된 서원은 경북 영주의 소수서원(紹修書院), 경북 경주의 옥산서원(玉山書院), 경북 안동의 병산서원(屛山書院), 대구 달성의 도동서원(道東書院), 경남 함양의 남계서원(灆溪書院), 전북 정읍의 무성서원(武城書院), 전남 장성의 필암서원(筆巖書院), 충남 논산의 돈암서원(遯巖書院)으로 모두 9곳이다. 하지만 이러한 서원 외에도 전국적으로 여전히 시민들에게 알려지지 않은 서원들은 많이 있다.

우리나라에서 서원은 사림(士林)들에 의해 16세기 중엽부터 설립되기 시작하였다. 1543년 주세붕(周世鵬)에 의해 백운동서원(白雲洞書院)이 창건된 이후, 조선 후기에는 서원 건립이 전국적으로 확대되었다. 그리고 이러한 서원들은 선현(先賢)에 대한 제향(祭享)과 강학(講學) 활동을 통해 지역의 문풍(文風)을 진작하고, 사회 현안에 대한 지역 사림들의 공론을 수렴하고, 표출하는 역할을 담당하였다.

대구지역 최초의 서원은 1563년 지금의 북구 연경동 화암(畵巖) 주변,

에 건립되었던 연경서원(研經書院)이다. 연경서원은 조선시대 대구 유학의 중심이 되었던 곳으로 사액(賜額)을 받기도 하였지만, 1871년 흥선대원군의 서원철폐령에 의해 훼철된 이후 현재까지도 복원이 되지 못하고 터만 남아 있는 상황이다. 이러한 연경서원에 대해 퇴계 이황은 「서원십영(書院十詠)」이란 시를 지어 노래한 바 있고, 「연경서원기후(研經書院記後)」를 써서 연경서원 건립에 의한 대구지역 문풍의 진작을 기대하기도 하였다.

연경서원 이후에 대구지역에는 수많은 서원이 세워졌던 것으로 보인다. 이 서원들 중 현재 대구지역에 남아있는 서원은 모두 24개로, 구암서원(龜巖書院), 낙동서원(洛東書院), 녹동서원(鹿洞書院), 서계서원(西溪書院) 등이 그것이다. 이 중에는 도동서원(道東書院)과 같이 세계유산에 등재될 만큼 널리 알려진 서원도 있지만, 대부분은 문중 서원으로서 선조 제향의 목적에서 건립되었다가 서원철폐령에 의해 훼철된 이후 최근 들어 복원한 경우가 많다. 그러나 서원에 배향되어 있는 이들이 서사원(徐思遠), 손처눌(孫處訥), 우배선(禹拜善), 곽재우(郭再祐), 이주(李輈) 등과 같이 조선 중기 대구지역을 대표하는 큰선비들로서, 지역의 문풍을 주도하고 임진왜란에서 의병장으로 활동한 인물들이라는 점에서 주목할 만하다. 따라서 이들을 배향한 대구지역의 서원들은 지역 문화사적 측면에서 중요한 의미를 가질 수밖에 없다.

현재 대구지역의 여러 서원들은 문중을 중심으로 각각 나름의 특색을 지니며, 관리되고 있다. 대표적으로 달성군 가창면에 소재한 녹동서원은 임진왜란 때 조선으로 귀화하여 가사 「모하당술회가(慕夏堂述懷歌)」를 지었던 김충선(金忠善)의 위패를 봉안한 곳으로, 현재에는 서원 경내에 한일우호관을 운영하면서 한일 양국의 우호 증진을 위한 공간으로 활용되고 있다. 이 외에도 대구지역의 서원들은 관리 주체인 각 문중들에 의해 다양한 활용 방안이 강구되고 있는데, 특히 청소년 인성교육이나 역사문화체험 공간으로의 변화 또한 적극적으로 모색하고 있다.

대구지역의 서원들은 단순히 과거의 오래된 유물만은 아니다. 각각의 서원들은 지금까지 그 오랜 시간의 흔적을 오롯이 새기며 흘러온 지역의 역사이며, 우리의 후손에게 물려줄 소중한 문화유산이기도 하다. 코로나19에 의해 여름휴가 계획을 잡기 쉽지 않은 지금, 아이들과 함께 지역의 서원을 함께 다녀 보면 어떨까?

조유영 _ 2020. 7. 23.

대구의 누정문화, 송담 채응린의 압로정과 소유정

"십 년을 경영하여 초려삼간(草廬三間) 지어내니 / 나 한 칸, 달 한 칸에, 청풍 한 칸 맡겨 두고 / 강산은 들일 데 없으니 둘러 두고 보리라."

이 시조는 조선 중기의 문신이며, 강호가도(江湖歌道)의 선구자로 알려진 면앙정(俛仰亭) 송순(宋純, 1493~1583)의 작품이다. 송순은 관직에서 물러난 뒤 고향인 전남 담양에 면앙정이라는 정자를 짓고, 자연을 벗 삼아 시가를 읊조리며 자적(自適)한 삶을 살았다. 이렇듯 송순의 면앙정과 그의 시가 작품들은 조선조 선비들의 누정문화를 보여 주는 대표적인 사례라 할 수 있다.

조선시대 대구에도 금호강을 따라 아름다운 누정들이 많았다. 그 중 압로정(狎鷺亭)과 소유정(小有亭)은 조선 중기 대구지역의 문인이었던 송담(松潭) 채응린(蔡應麟, 1529~1584)이 지금의 검단동 금호강변 왕옥산 기슭에 경영한 누정들이다. 채응린은 본관이 인천으로 일찍 과거를 포기하고, 33세 때인 1561년쯤 이 두 정자를 건립하여 종신토록 이곳에서 강학과 수양에 매진하였던 인물이다. 또한 조선 중기 대구지역을 대표하는 유학자였던 낙재(樂齋) 서사원(徐思遠, 1550~1615)이 17세 때 부친의 명으로 압로정에서 공부를 하였고, 한강 정구의 문인으로 알려진 석담

(石潭) 이윤우(李潤雨, 1569~1634)가 그의 사위였을 만큼 대구지역의 유학을 선도하였던 인물이 채응린이었다.

압로정의 압로(狎鷺)는 "해오라기와 함께 노닌다."라는 의미로 강호에 은거함을 이르는 말이며, 소유정의 소유(小有)는 "소유청허지천정(小有淸虛之天亭)", 즉 하늘에 있는 정자를 의미한다. 이처럼 채응린은 이 두 정자를 통해 자신이 꿈꾸는 이상 세계를 실현하고자 하였다. 그가 쓴 「소유정」 시를 보면 "산수를 논평하는 것은 바깥 세상사가 아니고[評水評山無外事] / 평생에 단지 원하는 것은 고인을 만나는 것이라네[生平只願古人過]."라고 노래하였는데, 『논어』의 '요산요수(樂山樂水)'의 경지와 공부를 통해 옛 성현들을 만나고자 하는 그의 뜻이 잘 드러난다.

채응린이 세웠던 압로정과 소유정은 이후 많은 굴곡을 겪게 된다. 임진왜란을 거치면서 왜적에 의해 소실되기도 하고, 임란 이후 중건되었다가 1673년에 다시 불타기도 하였다. 이후 채응린의 8대손 금와(琴窩) 채필훈(蔡必勳, 1759~1838)에 의해 압로정만이 중건되어 현재에 이르고 있으며, 소유정에 걸려 있던 현판과 시판은 지금도 압로정에 보관되어 있다.

채응린 당대부터 압로정과 소유정은 대구를 대표하는 누정으로 알려져 대구에 부임했던 여러 지방관들과 수많은 시인묵객들이 정자를 방문하여 다수의 시가 작품을 남기기도 하였다. 조선 3대 시가문학 작가로 알려진 노계(蘆溪) 박인로(朴仁老, 1561~1642) 또한 소유정을 방문하여 「소유정가(小有亭歌)」라는 가사 작품을 남겼는데, 정자를 둘러싼 팔공산과 금호강의 아름다운 경치와 그 속에서 유유자적한 삶을 살아가는 선비의 모습을 여실히 보여 주어 대구의 누정문화를 상징적으로 보여 주는 작품이라 평가받는다.

최근 지자체에서는 금호강 주변을 새롭게 정비하여 지역의 문화 명소로 만들어 가는 작업을 하고 있다. 하지만 자전거 도로를 깔거나 강변 공원을 조성하는 것 정도로는 지역의 문화 경관으로서 금호강을 부각시키는 데는 한계가 있을 수밖에 없다. 그렇다면 이제 지역의 인물과 역사, 그리고 문학과 예술이 살아 숨 쉬는 대구의 누정에 주목해 보는 것은 어떨까?

조유영 _ 2020. 12. 17.

일제강점기 선비의 삶으로 본 한일 관계, 갈등과 공존의 문제

최근 일본의 무역 제재로 나라 안팎이 떠들썩하다. 일제의 강제 징용과 위안부 문제 등 청산되지 않은 역사적 사안들에서 촉발된 논란들이 지금의 한일 관계에 막대한 영향을 미치고 있는 것이다. 국민들 또한 일본에 대한 보이콧 열풍이 한창이다. 일본제품과 일본 여행의 수요가 현저히 낮아지고 있음을 주변을 통해 쉽게 체감할 수 있다. 이러한 상황에서 일제강점기 조선의 마지막 선비로 살았던 한 사람을 떠올려 본다.

명암(明庵) 이태일(李泰一, 1860~1944) 선생은 경북 영천시 자양면 원각리의 본가에서 태어나 벽진이씨의 가학(家學)을 기반으로 학문을 닦았고, 당대 영남지역의 명유(名儒)였던 서산(西山) 김흥락(金興洛, 1827~1899)과 향산(響山) 이만도(李晩燾, 1842~1910), 척암(拓庵) 김도화(金道和, 1825~1912) 등과 종유(從遊)하면서 그들을 통해 퇴계학을 계승한 인물이다. 선생은 일찍이 과거를 포기하고 평생 향촌에서 학문과 강학에만 매진하는 삶을 살았다. 그러나 그렇다고 해서 선생이 일제에 의한 민족적 위기와 망국(亡國)의 아픔을 온전히 외면하기만 했던 것은 아니었다. 비록 의병을 일으켜 일제에 무력으로 항거하거나, 죽음으로 항일

의지를 실천하지는 못했지만, 전통 지식인으로서 망국의 현실에 대응한 선생의 모습은 그가 남긴 글과 삶의 이력을 통해 확인할 수 있다.

> 餓則效西山 굶는다면 서산[伯夷叔齊]을 본받겠고,
> 食則效疊山 먹는다면 첩산[謝枋得]을 본받으리라.
> 隱則效盂山 숨는다면 우산[程嬰]을 본받겠고,
> 避則效鼻山 피한다면 비산[徐弘祖]를 본받으리라.
> 生則效冷山 살아서는 냉산[洪皓]을 본받겠고,
> 死則效文山 죽는다면 문산[文天祥]을 본받으리라.
> 隨遇效六山 경우에 따라 육산을 본받으면,
> 邱陵可學山 구릉도 산을 배울 수 있으리라.
>
> 「육산시(六山詩)-계축척장시(癸丑斥章時)」

1913년에 일제는 조선 합병의 유화책으로 전국의 유명 선비들에게 한일합방 기념 훈패(勳牌)를 내린다. 이때 선생은 자신에게 내려온 훈패를 거부하면서 일본 경찰서장에게 편지와 함께 위의 육산시(六山詩)를 보낸다. 시에 등장하는 육산(六山)은 주나라 문왕의 회유를 거부하고 은거한 백이숙제를 비롯하여, 송나라 말기의 충신 사방득(謝枋得), 춘추시대의 충신 정영(程嬰), 명말청초 출사를 거부한 서홍조(徐弘祖), 남송의 충신 홍호(洪皓)와 문천상(文天祥)을 지칭한다. 이들은 모두 중국의 역사에서 대표적인 정절지사(貞節之士)로 알려진 인물들이다. 선생의 육산시는 결국 일제에 굴복하지 않겠다는 자신의 굳은 신념을 드러낸 것이라 할 수 있다. 이후에도 선생은 죽음을 각오하여 「서사문(誓死文)」을 지었을 정도로 일제의 겁박에 결코 굴복하지 않았다. 이러한 선생의 절의 정신은 현재 영천시 자양면 용산리에 있는 용산정사(龍山精舍)와 「이태일 선생 항일척장비」에 그 짙은 향기를 남기고 있다.

올해는 3·1 독립만세운동이 일어난 지 100주년이 되는 해이다. 이러한 의미 있는 해에 일본과의 갈등이 한창인 것은 매우 의미심장하다. 특히 청산되지 않은 역사적 문제들이 이러한 갈등의 중심에 자리 잡고 있다는 점에서 더욱 그러하다. 경제적 이익을 위해 일본과 타협할 것인지, 아니면 일본과의 관계를 이 시점에서 새롭게 설정할지는 현재 우리에게 주어져 있는 과제이다. 그러한 까닭으로 일제강점기 자신의 신념과 가치를 지켰던 명암 이태일 선생의 삶은 작금의 우리에게 나름 큰 의미로 다가온다.

한국과 일본은 지금처럼 갈등 속에서만 계속 머물러서는 안 된다. 지정학적 측면에서도 양국은 공존과 공영의 길로 함께 걸어가야만 하는 역사적 사명을 지니고 있기 때문이다. 이를 위해서는 양국의 그릇된 역사를 바로잡아야 하고, 이에 따른 가해자의 진솔한 사과가 선결되어야 하지 않을까.

조유영_2019. 8. 8.

참다운 세상의 발견, 홍대용의 「의산문답」

조선 후기 실학자 담헌(湛軒) 홍대용(洪大容, 1731~1783)은 1731년 충청도 천원군(현 천안시) 수촌마을에서 당시 노론 유력 가문의 맏아들로 태어났다. 하지만 출셋길이 보장되어 있는 과거를 일찍이 포기하고 김상헌을 배향했던 석실서원에서 학문에만 전념하였으며, 북학파로 알려진 박지원, 박제가 등과 교유하기도 하였다. 그의 생애에서 가장 결정적인 사건은 35세(1765) 때 동지사(冬至使)의 서장관(書狀官)이 된 숙부 홍억(洪檍)을 따라 자제군관으로 청나라 연경(현 북경)을 다녀온 일이었다. 그는 북경에 머무르며 천주교 선교사들과 교류하면서 서양의 앞선 과학기술을 경험하였고, 청나라 지식인들과의 토론을 통해 자신의 세계관을 확립하였다. 그리고 「의산문답(醫山問答)」은 그의 변화된 세계관과 사상을 보여 주는 대표적인 작품이다.

「의산문답」은 중국 남만주의 명산 의무려산을 배경으로 가상의 인물인 실옹(實翁)과 허자(虛者)의 문답으로 구성된다. 작품에 등장하는 허자는 30년의 독서를 통하여 당대 유학에 대한 모든 것을 체득한 이로, 60일 간의 북경 방문을 통해서도 실익이 없자 낙심한 상황에서 의무려산에 은둔하고 있는 실옹을 만나는 인물이다. 결국 허자는 홍대용, 본인을 비롯한 당시 성리학에 얽매여 있던 조선의 선비들을 상징한다. 이에 비해 실옹은 청나라와 서구의 새로운 지식을 받아들인 실학자라 할 수 있으며, 허자의 학문적 허위의식을 지적하는 인물이다.

작품에는 다양한 이야기들이 펼쳐지는데, 조선의 주류 학문인 성리학의 한계를 지적하기도 하고, 인간과 만물에 대한 다양한 의견과 천문 지리와 천체의 운행에 대한 자연과학적 담론이 펼쳐지기도 한다. 또한 당시 조선 사회가 맹신했던 중국 중심의 화이관(華夷觀)이 가진 문제점을 비판하기도 한다. 그중에서 허자가 '하늘과 땅 사이 만물 중에 오직 사람만이 귀하다'고 하자, 실옹은 "무릇 사람의 오륜은 사람의 예의일 뿐이다. 떼를 지어 다니면서 서로 불러 먹이는 것은 짐승의 예의, 여러 줄기가 하나로 뭉쳐져 잎이 무성한 것은 초목의 예의이다. 사람의 입장에서 보면 사람이 귀하고 만물이 천하고, 만물의 입장에서 보면 만물이 귀하고 사람은 천한 것이며, 하늘의 입장에서 보면 사람이나 만물이 다 마찬가지일 뿐이다."라고 언급한다. 이처럼 홍대용은 사람과 만물에는 귀천이 없다는 자연 중심적 세계관을 주장한다. 그리고 이러한 세계관을 인간 사회에 적용한다면 결국 인간과 인간 사이에도 당연히 귀천이 있을 수 없음을 말하고 있는 것이다. 결국 사람이라면 누구나 평등한 사회, 누구나 인간으로서의 권리와 기회를 갖는 사회를 홍대용은 꿈꾸고 있었음을 알 수 있다.

이 밖에도 「의산문답」에는 현대인들에게도 충분히 공감을 받을 만한 다양한 이야기들이 많이 담겨져 있다. 특히 작품에서 역설하고 있는 '역외춘추론'을 통해 절대주의적 세계관이 가진 폐해와 상대주의적 세계관의 가치를 함께 생각해 볼 수도 있고, 자연중심주의적 세계관을 통해 인간중심주의에 의해 파괴되고 있는 자연환경에 대한 반성적 사고를 일깨울 수도 있을 것이다. 이러한 측면에서 본다면 홍대용의 「의산문답」은 200여 년의 시공간을 뛰어넘어 지금도 우리에게 유의미한 가치를 전해주는 시대의 명저이자 고전이라 할 수 있다.

조유영_2022. 1. 20.

트로트의 시대, 삶을 노래하다

이제는 점차 어스름해지는 어린 날의 기억 속, 그 시절 아버지가 애지중지하시던 낡은 전축은 여전히 나의 머릿속에 또렷이 남아 있다. 젊은 시절 고향 노래자랑대회에서 트로트 한 자락 목청껏 부를 만큼 멋쟁이였던 아버지는 낡은 전축과 함께 몇 장의 트로트 LP판을 소장하셨다. 간혹 소주 한잔 기분 좋게 걸치신 날에는 레코드판을 전축 위에 올리고 주현미이며 현철이며, 나훈아와 같은 가수들의 노래를 종종 듣고는 하셨다. 그때마다 나는 아버지 옆에서 화려한 무대복의 가수들이 새겨진 레코드집을 보며 슬프기도 하고 기쁘기도 한 트로트 가락을 흥얼거렸던 것 같다. 시간이 흘러 기억 속의 낡은 전축은 어느새 우리 집에서 사라지고, 아버지께서 즐겨 들으시던 트로트 노랫소리 또한 더는 내 귀에 들리지 않았다. 그 시절 내가 듣던 음악은 아버지가 즐겨 듣던 트로트가 아닌, 팝송이니, 락이니, 발라드니 하는 자못 세련된 이미지의 대중가요들이었다. 간혹 방송이나 길거리에서 들리던 트로트는 고리타분한 노래, 노인들이나 좋아하는 노래로 인식되어 나에게서 더욱 멀어졌다.

이러한 나의 오래된 트로트에 대한 편견이 요즘 많이 깨지고 있다. 최근 들어 트로트는 다시 대중가요판의 주류가 된 것 같다. <미스 트롯>,

<미스터 트롯>이라는 모 티비 오디션 프로그램이 트로트 열풍을 광풍으로 바꿔 버린 듯하다. 송가인, 임영웅, 이찬원 등 오디션 프로그램의 주역들은 한류를 이끄는 K-POP 가수들보다 우리 사회에서 더 많이 회자된다. 그리고 그들이 불렀던 노래는 도심의 길거리와 고속도로 휴게소를 가득 채우고 있다. 중장년층만이 좋아한다는 트로트의 편향된 이미지도 어느새 젊은 세대까지 아우르는 노래로 자리매김하고 있음을 볼 때, 나는 격세지감을 느낀다.

사실 트로트는 일제시대 일본풍의 엔카에 영향받아 만들어진 노래이다. 그러한 태생적 한계 때문에 왜색풍이라 하여 탄압받던 시절도 있었고, 뽕짝이라는 다소 비하적인 명칭으로 불리기도 하였다. 그러나 가만히 생각해 보면 우리 민족이 겪어 왔던 굴곡의 현대사를 트로트가 함께 했음을 우리는 부정할 수는 없다. 일제시대 민족의 슬픔은 <목포의 눈물>이나 <황성 옛터>와 같은 노래들이 달래 주었고, 한국전쟁의 수난은 <굳세어라 금순아>나 <단장의 미아리 고개>와 같은 노래들이 함께했다. 60년대 이후 급격하게 이루어진 근대화의 물결 속에서 우리네 삶의 애환 또한 이미자나 나훈아와 같은 트로트 가수들이 부른 노래가 대신해 왔던 것도 사실이다. 90년대 이후 우리 대중가요의 성장과 다양화가 트로트를 위축시키기도 했지만, 장윤정으로 대표되는 신세대 트로트 가수들의 등장은 새로운 트로트를 만들어 가고 있다.

요즘 영탁이라는 트로트 가수가 세대를 아우르며 인기를 얻고 있다. 그의 노래 중 <니가 거기서 왜 나와>라는 노래는 유머러스하면서도 요즘 세태를 반영하는 가사에 의해 젊은 세대들에게도 인기가 높다. 또한 그가 오디션 프로그램에서 부른 <막걸리 한잔>은 걸쭉한 특유의 목소리와 함께 옛 아버지에 대한 그리움을 노래하기에 중장년들에게 많은 감동을 준다. 나는 이것이 지금의 트로트 광풍을 이끄는 힘이라 생각한다. 영탁의 트로트 속에 세대를 아우르며 시대를 반영하는 트로트의 힘을 볼 수 있기 때문이다. 어느새 잊고 있었던 트로트가 새롭게 들려오는 요즘, 돌아가신 어머니가 좋아하셨던 아버지의 트로트 한 자락이 듣고 싶은 날이다.

조유영_2020. 5. 14.

연대와 포용의 가치를 되새기며

아침에 일어나 뉴스를 보며 오늘은 얼마나 많은 사람들이 코로나19 바이러스에 감염되었는지를 살피고, 집을 나설 때에는 지갑보다 마스크가 먼저이며, 손 소독제가 보이는 곳에서는 무의식적으로 펌프를 누르고 있는 삶이 우리의 일상이 된 지 오래다. 이웃과 아파트 엘리베이터를 같이 탔던 이가 확진자가 되었다는 소식에, 평소 실천하지 못했던 아파트 계단을 오르는 나를 새롭게 발견하기도 한다. 우리의 삶이 코로나19라는 보이지 않는 공포에 어느새 길들여져 가고, 사회 곳곳에서는 혐오와 갈등, 집단히스테리와 같은 문제들이 분출하고 있음을 보면서 나는 다시금 연대와 포용이 가진 힘을 떠올린다.

우리의 고전문학에서 전염병과 관련되어 가장 잘 알려진 작품은 아마 향가 「처용가」일 것이다. 이 노래는 일연이 쓴 『삼국유사』의 「처용랑 망해사」조에 전하는데, 동해 용왕의 아들인 처용이 역신(疫神)에게 아내를 빼앗긴 후 춤을 추며 부른 노래로 널리 알려져 있다.

"서라벌 밝은 달에 / 밤드리 노닐다가 / 들어와 자리 보니 / 다리가 넷이어라 / 둘은 내 것이건만 / 둘은 뉘 것인고 / 본디 내 것이다만 / 빼앗긴 걸 어찌하리오."

처용은 늦은 밤까지 서라벌 거리를 노닐다 집에 들어와 자기 아내와 동침을 하고 있는 사내를 발견한다. 보통의 남자들이라면 눈이 뒤집힐 만한 사건이지만, 용왕의 아들은 역시 행동 또한 범상치 않았던 것 같다. 그냥 물러나 춤을 추고 이 노래를 지어 불렀을 따름이기 때문이다. 그런데 이후의 전개가 심상치 않다. 처용이 춤과 노래를 부르자 역신이 처용의 앞에 무릎을 꿇은 것이다. 그리고 역신은 처용의 그림만 보아도 그 집에는 들어가지 않겠다는 맹세를 한다. 이후 사람들은 자신의 문 앞에 처용의 얼굴을 그린 그림을 붙여 놓고 역신이 들어오지 않기를 기원하였다고 전해진다.

이 이야기는 질병에 대한 과학적 이해가 부족했던 옛사람들의 생각이 그들의 상상력과 어떻게 결합하고 있었는지를 보여주는 대표적인 사례이다. 또한 역신이 처용의 비도덕적인 아내를 침범한 것처럼 천연두와 같은 전염병의 창궐을 사회구성원들의 도덕적 해이에서 찾고자 했던 전근대 사회 특유의 사고를 단편적으로 보여 주기도 한다. 전염병에 대한 이러한 신비적 관념들은 질병에 대해 가지는 인간의 근원적 두려움이 만들어 낸 것일 터이다. 그러나 「처용가」에 나타나는 처용의 체념은 역신에 대한 단순한 굴복이 아니다. 처용의 승리는 두려움과 공포의 존재인 역신까지 껴안는 포용에서 나오며, 이는 지금의 현실에도 되새길 만한 것이다.

코로나19 바이러스의 창궐에 의해 지역사회의 어려움은 날로 더해지고 있다. 그리고 사람들의 혼란과 공포를 틈타 자신의 욕망을 실현하고자 하는 이기적인 모습들도 적지 않게 보게 된다. 그러나 이와는 달리 타인들의 아픔을 함께 나누려는 사람들 또한 여전히 우리 주변에는 많이 있다. 타인을 위해 선뜻 성금을 기탁하는 사람들, 지역 경제의 어려움을 함께 극복하고자 하는 임대인들, 의료진이 부족한 대구로 몰려드는 전국의 수많은 의료인들, 대구의 어려움을 함께하고자 팔을 걷고 나서는 타 지자체들, 이 같은 수많은 사람들의 연대와 포용이 우리 사회를 유지해 나갈 수 있게 하는 가장 큰 힘임을 보여 주고 있는 것이다.

매일 빠르게 늘고 있는 확진자들의 숫자를 보면 코로나19 바이러스가 쉽게 극복되지 못할 것 같다는 비관적인 생각이 들기도 하는 나날들이다. 하지만 인류의 역사에서 인간을 위협하는 질병들은 언제나 존재해 왔고, 이러한 질병들을 우리는 숱하게 이겨 내 왔음을 다시 한번 상기할 필요가 있다. 그리고 그 밑바탕에는 타인과의 연대와 포용이 있었음을 기억하도록 하자.

조유영_2020. 3. 5.

추석에 대한 단상

오래전부터 우리 민족은 봄과 여름을 지나 곡식과 과일들이 익어 갈 때인 음력 팔월의 중간 날을 한가위·가배·중추절(仲秋節) 등으로 불러 왔다. 이날은 가족과 이웃이 모여 수확의 기쁨을 나누고, 제철 음식으로 차례를 지내어 조상들의 은덕에 감사하는 의미를 지녀 왔다. 조선 후기 서울지역의 세시풍속을 기록한 『열양세시기(洌陽歲時記)』에는 "더도 말고 덜도 말고 늘 한가위만 같아라.[加也勿, 減也勿, 但願長似嘉俳日.]"라는 말이 나온다. 이 말은 지금도 추석의 풍요로움을 대표하는 말로 사람들 사이에서 회자된다.

조선 중기 문인인 김효원(金孝元)은 「한가위 달을 즐기며[仲秋賞月]」라는 시에서 "해마다 밤마다 달은 뜨건만[歲歲年年夜夜懸], 한가위 보름달이 가장 맑고 아름답네[仲秋三五最淸姸]. 그대를 대함에 어찌 술이 없겠는가[對渠那得樽無酒], 좋은 벗을 위해 비단 자리를 펼쳐야지[爲倩良朋敞錦筵]."라고 노래하였다. 이 시는 한가위 보름달의 정취 속에서 그리운 벗과 함께하고자 하는 작가의 마음을 잘 표현한 작품이다. 김효원의 시처럼 우리에게 추석은 그리운 가족과 친구들을 만나 정을 나누고, 다시금 험난한 세상을 살아갈 힘을 얻는 날이었다.

그러나 올해 추석은 예전과는 다른 풍경이었던 것 같다. 전국적으로 재확산되고 있는 코로나19의 위협은 예년과는 다른 추석 분위기를 만들어 냈기 때문이다. 방역 당국은 지역 감염을 최소화하기 위한 고육책으로 국민들에게 고향 방문 자제를 요청하였고, 이에 예년보다 귀성객은 큰 폭으로 줄었다고 한다. 차례를 지내지 않는 가정 또한 많아져 재래시장은 추석 대목이라는 말이 무색할 정도였다. 이와는 달리 '추캉스'라는 신조어가 만들어질 정도로 전국의 관광명소에는 연휴를 틈타 인파가 몰렸다는 소식도 여기저기서 들린다. 어느새 우리는 새로운 추석을 만나고 있는 것인지도 모르겠다. 오랫동안 이어져 오던 전통적인 추석의 풍경은 사라지고, 새로운 형태의 추석이 우리 앞에 펼쳐지고 있는 것이다. 농경사회의 산물이었던 추석이 도시화와 산업화의 물결 속에 점차 그 의미가 쇠퇴해 가고 있는 현재, 코로나19 바이러스의 여파는 이러한 흐름을 더욱 가속화하는 촉매제가 되고 있다. 이제는 추석이 달력 속의 다른 휴일들과 별반 다르지 않게 인식되는 날도 올 듯하다.

하지만 나는 간혹 추석이라는 말을 떠올리면 그 특별한 따뜻함이 몽글몽글하게 가슴속을 채우는 느낌이 든다. 이제는 만날 수 없는 어머니의 내음이 추석이라는 말 속에 묻어 있는 것 같아 괜스레 눈가가 촉촉해지기도 한다. 한국 사람이라면 누구나 추석이 특별할 수밖에 없을 것 같다. 누군가는 가족을 떠올릴 수도 있고, 누군가는 자주 만나지 못하는 친구를 떠올릴 수도 있을 것이다. '무욕(無欲)의 시인'이라 불렸던 천상병 시인 또한 그러했던 것 같다. 「한가위 날이 온다」라는 시에서 그는 추석이 되면 돌아가신 분들을 그리워한다고 하고, 외할머니, 아버지, 어머니,

요절한 조카들을 노래하였다. 천상병은 매해 추석이 다가오면 이제는 볼 수 없는 그리운 사람들을 떠올렸던 것이다.

시인이 그러했듯 우리에게 추석은 그리운 이들을 만나는 특별한 날이었다. 살아 있는 사람뿐만 아니라, 더 이상 이 세상에 존재하지 않는 사람들까지. 못다 했던 말들과 그리움을 전달하는 날이다. 비록 피치 못할 사정으로 그 길이 막혀도 가슴 속 그리움을 떠올리는 날이다. 우리에게 추석은 그런 날이 아닐까.

조유영_2020. 10. 8.

더 넓은 세계를 바라보는 방법

1780년(정조 4) 연암 박지원은 청나라 건륭황제의 70세 생일을 축하하기 위해 보낸 진하사(進賀使)의 일원으로 꿈에 그리던 중국 여행을 떠나게 된다. 압록강을 건너 만주와 북경, 그리고 황제의 피서지인 열하(熱河)까지, 연암은 기나긴 여정의 특별한 경험들을 『열하일기(熱河日記)』라는 명저로 남겼다. 열하일기는 여타의 연행록(燕行錄)들과는 달리, 연행(燕行) 체험을 날짜별로 기록하면서 여정에서 만난 주요 인물이나, 사건, 명승고적들을 한편의 독립된 글로 서술하였다. 그러한 까닭에 『열하일기』의 구성을 살펴보면, 「도강록(渡江錄)」부터 「금료소초(金蓼小抄)」까지 모두 25편으로 이루어져 있음을 볼 수 있다. 그중 「일신수필(馹迅隨筆)」은 7월 15일부터 23일까지의 기록으로 신광녕에서부터 만리장성이 시작되는 산해관까지, 562리의 여정과 관련된 부분이다. 또한 이 글에는 당시 소중화(小中華)를 자처하면서도 청나라에 비해 낙후되어 있던 조선의 현실에 대한 연암의 날카로운 진단과 개혁 방안이 담겨 있다는 점에서 주목된다.

「일신수필」의 서문을 살펴보면, 연암은 먼저 자신이 직접 체험하지 않고, 남의 말에만 의존하는 이들과는 학문을 논할 수 없다고 일갈한다.

그리고 천하의 장관을 인식한 대표적인 사례로 공자가 태산에 올라 천하를 작게 여겼던 고사와 부처의 시방세계(十方世界), 그리고 지구 반대편에서 온 서양인을 함께 언급함으로써 편협한 사고에서 벗어나 더 큰 세계를 지향해야 함을 주장한다. 이처럼 연암은 자신을 둘러싼 좁은 세계에서 벗어나 더 넓은 세계를 발견하기 위한 방법으로 개방적 사고에 의한 경험의 중요성을 강조한다. 그리고 연암의 이러한 주장은 당시 청나라를 오랑캐로만 여기면서 고루한 명분에만 사로잡혀 있던 조선 선비들에게 경종을 울리고자 한 것으로 이해할 수 있다.

또한 「일신수필」 7월 15일 기사에서 연암은 조선의 선비를 일등 선비[上士], 중간 선비[中士], 삼류 선비[下士]로 나누고, 이를 통해 당대 지식인층이 가진 허위 의식을 신랄하게 비판한다. 그가 제시한 일등 선비는 소중화 의식에만 사로잡혀 백성들의 삶에는 관심이 없고, 친명반청(親明反淸)이라는 허울뿐인 명분만을 고집하는 이들이라 할 수 있다. 중간 선비는 나라의 부강과 백성들의 삶을 위해서 청나라를 배워야 한다고 주장한다. 따라서 이러한 점에서는 일등 선비보다 나아 보이긴 하지만, 여전히 반청이라는 명분을 고집한다는 점에서 한계를 가진다. 마지막으로 연암은 공허한 명분보다는 백성들의 이용(利用)과 후생(厚生)을 위해 청나라의 문물을 적극적으로 받아들이는 선비들을 삼류 선비라 칭한다. 그리고 조선에서는 쓸모없는 것으로 취급받는 기와 조각이 건축 재료로 활용되고, 더러운 똥덩어리가 유용한 거름으로 쓰이는 청나라의 모습을 제시하면서 조선 또한 이를 본받아야 함을 주장한다.

이처럼 연암이 평생 추구했던 실학은 선진적인 문물을 적극적으로 수용하면서 나라를 부강하게 하고 백성을 윤택하게 하는 부국책(富國策)

이라 할 수 있다. 그리고 이를 실현하기 위한 방법으로 연암은 자신을 둘러싼 좁은 세계에 안주하지 않고, 개방적 사고를 통해 더 넓은 세계를 새롭게 인식하여야 함을 강조한다. 이러한 연암의 사유는 시공간을 뛰어넘어 글로벌 시대를 살고 있는 우리들에게도 여전히 유효한 생각이다. 여름의 시작을 연암의 『열하일기』와 함께해 보는 것은 어떨까.

조유영_2022. 6. 23.

백일장, 우리 문학의 현재와 미래

코로나19에 의한 팬데믹 상황 속에서 잠시 멈춰 있던 다양한 행사들이 최근 우리 사회 곳곳에서 재개되고 있다. 특히 어린이, 청소년, 일반인 등을 대상으로 한 문학 백일장이 지역과 유관단체 주관으로 활발하게 개최되고 있어 주목된다. 필자가 재직하고 있는 제주대 국어교육과에서도 지난주 금요일(9월 2일) '훈민정음 반포 576돌 한글날 기념 제57회 전도(全島) 중고등학생 문학 백일장'이 궂은 날씨에도 불구하고 성황리에 개최되었다. 이번 백일장에는 제주도 내 190여 명의 중고등학생이 '일상, 꿈, 로봇'이라는 제재를 가지고, 시와 산문(수필·소설) 중 하나를 선택하여 자신의 재능을 마음껏 펼쳤다. 이처럼 제주대 국어교육과의 '전도 중고등학생 문학 백일장'은 오랜 역사와 전통 속에서 제주도 청소년들의 문학 축제로 지속해 오고 있다.

현재 백일장은 보통 시나 소설 또는 수필과 같은 문학 작품을 창작하는 글짓기 대회를 지칭하는 말이다. 그러나 백일장이라는 말이 어디서부터 유래되었는지는 명확하지 않다. 일반적으로 알려진 백일장의 기원설은 대개 두 가지이다. 먼저 『조선왕조실록』을 보면 태종 14년(1414) 왕이 성균관에 거동하여 540여 명의 유생(儒生)들에게 거자백일장(擧子白

日場)을 치르게 하였다는 기사가 있다. 여기에서 거자(擧子)는 과거 시험에 응시할 자격을 갖춘 유생들을 지칭하는 말이며, 백일장의 백일(白日)은 밝은 대낮을 의미한다. 따라서 대과(大科)에 응시할 자격을 갖춘 성균관 유생들이 한낮에 시문(詩文)을 짓는 글쓰기 시험을 백일장으로 불렀고, 그것이 현재의 백일장으로 이어졌다는 이야기이다. 또 다른 유래설로는 뜻 맞는 사람들끼리 망월(望月), 즉 보름달이 뜬 밤에 시재(詩才)를 겨주던 망월장(望月場)과는 달리, 한낮에 이루어진다고 해서 백일장이라 하였다는 이야기도 있다. 이 두 가지 중 어떠한 것이 맞는지를 따지는 것은 그리 중요하지 않아 보인다. 단지 전근대 사회의 문화적 산물인 백일장이 현재를 살아가는 우리에게도 의미 있는 존재로 남겨져 있다는 것이 중요하다.

요즘 주변을 보면 1년에 시집 한 편, 소설책 한 권 읽지 않는 사람들도 많은 것 같다. 문학 작품을 창작하는 행위가 일반인들에게는 너무나 거리가 먼 얘기인 것처럼 보이기도 한다. 또한 디지털미디어와 영상 문화의 발달은 문학의 저변을 이전과는 비교할 수 없을 만큼 축소시키고 있는 것도 사실이다. 그러나 이러한 상황에서도 여전히 우리 사회에서는 수많은 백일장이 개최되고 있고, 백일장에 참여하여 자신의 생각과 정서를 문학 작품으로 표현하고 있는 수많은 사람이 존재한다.

사람은 이성과 감성의 두 날개로 삶을 완성해 간다. 이성과 감성 중 어느 하나만으로 삶을 온전하게 할 수는 없다. 하지만 지금 우리가 살아가고 있는 사회는 따뜻한 감성보다는 냉혹한 이성이 더욱 중요하게 받아들여지는 것 같다. 이러한 현실에서 우리의 부족한 감성을 채워 줄 수 있는 문학은 여전한 가치를 지닌다. 그리고 문학이 미래에도 사람들에게 중요한 의미로 남아 있기 위해서는 전문 작가의 영역에만 머물러서는 안 된다. 문학 작품을 창작한다는 것은 자신의 삶을 성찰하는 과정이며, 세상을 자신의 눈으로 바라보는 행위이다. 문학이 살아남기 위해서는 이제 다시 평범한 사람들의 일상으로 돌아갈 필요가 있다. 이러한 점에서 백일장은 중요한 의미를 가질 수밖에 없다.

올가을 일반인들도 참여할 수 있는 백일장이 지역 여러 곳에서 펼쳐진다. 그곳에서 가을의 향기를 맡으며 나를 돌아보는 글 한 편 써보는 것은 어떨까.

조유영_2022. 9. 8.

제3부

03 한국 현대문학과 삶의 자취

당신을 기억하며

기억과 이야기

오늘은 현충일이다. 초등학교를 졸업한 지 수십 년이 지났지만, 아직도 현충일이 되면 앞산 충혼탑에서 진행된 추념행사에 단체로 참석한 기억이 떠오른다. 나라를 위해 싸우다 숨진 장병과 순국선열들의 충성을 기억해야 한다는 공식담론들이 그런 기억의례와 함께 각인된 것이 아닌가 싶다. 국가는 국민이 축하하거나 기릴 만한 일이 있을 때 그것을 기억하기 위해 기념일을 지정한다. 여러 기념일 중에서도 현충일은 그 '기억'을 가장 강렬하게 공식화한 날이 아닐까?

'대한민국의 이름으로 당신을 기억합니다.'

이번 현충일 추념식의 표어이다. 국가가 기억하겠다는 그 기억을 '공식적 기억'이라고 한다. 역사를 재현하는 장(場)에는 여러 기억들이 존재하지만 하나의 지배적인 기억이 선택되어 공식적 기억으로 자리 잡게 된다. 공식적인 기억은 이데올로기적 성격을 띠며 교육, 미디어 등을 기반으로 형식화되고 재생산된다. 반면 공식적 기억으로 선택되지 못한 '사적인 기억'은 기록되지 않거나 침묵하는 경우가 대부분이다. 두 기억의 관계는 서로 겹쳐지거나 괴리되어 있는데, 두 기억 사이의 괴리가 클 경우에 사적 기억을 지닌 개인의 내면은 심각한 외상을 겪게 된다. 한국전쟁을 배경으로 쓴 박완서의 소설들은 그러한 상흔을 섬세하게 그려 내고 있다.

60대의 작가가 자신의 과거를 회상하며 쓴 『그 많던 싱아는 누가 다 먹었을까』는 일제강점기 말 태평양전쟁시기, 좌우 대립의 해방기, 그리고 한국전쟁을 겪었던 그 시간들을 기억하고 있다. 전쟁 초기 한강을 넘지 못하고 서울에 있었던 주인공의 가족은 수복 후 빨갱이라는 딱지를 떼기 위해 이리저리 끌려다니며 고초를 겪게 된다. 작가는 주인공의 입을 빌려 그 시간을 '벌레의 시간'이라고 표현한다. 만나는 사람 모두가 자신을 '벌레' 취급하는 동안, 자신이 겪었을 그 고통의 시간들. 밤마다 '벌레의 시간'을 기억 속에서 지우려고 몸부림치던 화자(話者)는 자기만 '기억상실증'에 걸린다면 그것이야말로 정말 벌레가 되는 일이며, 나아가 그 '벌레의 시간'을 증언해야만 '벌레'를 벗어날 수 있다는 자각을 하게 된다. 전쟁이 끝나고 40년이 다 되어 가도 그 기억들은 잊히지 않지만, 작가 박완서는 글쓰기를 통해 상처를 극복한다.

기억은 정체성 형성에 깊이 관여한다. '벌레의 시간'을 기억하는 사람은 무의식 속에 '벌레', 즉 왜곡된 자기상(像)을 만들게 된다. 이처럼 공식적인 기억에 억압된 사적 기억을 침묵해야만 했던 사람들은 그 기억과 관련된 상흔을 지니게 되는데, 그것을 극복하는 길은 자신의 기억을 증언하는 것이다. 그 '증언'은 공식적인 것이 아니다. 그저 자신의 기억들을 이야기하면 된다. 박완서는 자신의 과거를 회상하고 그 기억들을 재구성하여 소설 쓰기의 형식으로 이야기했고, 많은 작가나 예술가들도 자신의 기억들을 그러한 방식으로 풀어냈다. 그 과정에서 그들은 자기도 알지 못했던 자기를 만나게 되고, 또 그 이야기들을 읽고 본 독자도 자신을 발견하게 되는데, 그 또한 자신의 이야기를 풀어낼 수 있다. 이것이 '이야기정체성(narrative identity)'이다. 기억을 이야기하는 과정에서 모두들 억눌렸던 상처를 극복했고, 자신을 옥죄었던 시간들과 화해하게 된다.

공식적 기억에 사적인 기억이 겹쳐진 개인에게도 자신의 기억을 푸는 일은 중요하다. 이데올로기가 작동하는 외부 상황에 의해 그 기억이 변형, 왜곡될 수 있기 때문이다. 예컨대, 한국전쟁 당시 인민군에 의해 피해를 입었던 일들은 공식적 기억에 편입되는 과정에서 그들에 대한 분노와 증오가 확대된다. 이데올로기에 경도된 증언의 장이 아니라 내밀하고 사적인 장에서 광기의 시간을 살아온 '우리'로서 이야기할 때, '우리 모두의 상처'로서의 전쟁을 이야기할 수 있다. 기억을 이야기하는 것, 그것은 상처 입은 내면의 치유를 넘어서 자신을 억누르던 외부세계-역사와 타자들과의 화해이기도 하다. '당신을 기억하는 일'은 여전히 '지금-여기'에 요청된다.

배지연_2019. 6. 6.

떠오르는 '제국', 부활하는 '총독의 소리'

지난 유월, 동경대학교에 재직 중인 후쿠이 레이 교수의 연락을 받았다. 현재 일본에서 상영중인 <주전장主戰場>이란 영화가 7월에 한국에서 개봉될 터인데, 아주 잘 만든 영화이니 꼭 관람하라는 내용이었다. 후쿠이 레이 교수는 5월에 우리 학과에서 진행한 해외학자 초청 특강을 하러 대구에 오셨는데, 그때 함께 방문한 "희움 일본군 '위안부' 역사관"을 통해 일본군 '위안부(성노예)'의 존재를 제대로 알게 되었다고 한다. 오랫동안 '위안부' 할머니들의 영상을 보던 그는 일본 정부의 사과를 요구하는 탄원서에 서명을 하며 '희움'을 소개해 줘서 감사하다고 했다. 일본군 '위안부' 문제 해결을 위해 한국과 일본의 지식인, 시민들이 함께 연대했듯이, 동아시아의 평화는 '국가'의 경계를 넘어서 각국 시민들이 서로 연대할 때 가능하다.

<주전장>은 일본계 미국인 감독이 일본 내외의 정치가, 지식인들을 인터뷰하며 일본군 '위안부' 문제를 다각도로 탐색한 다큐멘터리 영화다. 아베 정권은 일본군의 개입 사실을 은폐하고 있는데, 그 핵심에 일본제국헌법으로의 개정을 꿈꾸는 '일본회의'의 욕망이 작동하고 있다는 것이 이 영화의 요지다. 일본의 식민 지배와 태평양전쟁이 아시아 민

족의 근대화와 해방을 이끌었다고 믿는 이들의 야욕과 그에 가려진 역사적 진실이 맞붙는 전쟁터(主戰場). 영화에서 가장 불편했던 것은 한국인과 일본인을 비교하며 일본의 우월과 한국의 야만을 강조하는 제국주의자들의 목소리였다. 무례한 이들의 언설에 선명하게 겹쳐지는 것은 1967년에 발표된 최인훈의 소설 『총독의 소리』이다.

"충용한 제국 신민 여러분, 제국이 제기하여 반도에 다시 영광을 누릴 그날을 기다리면서 은인자중 맡은 바 고난의 항쟁을 이어 가고 있는 모든 제국의 군인과 경찰과 밀정과 낭인 여러분."으로 시작하는 『총독의 소리』는 가상의 상황을 설정하고 있다. 해방 후 20여 년이 지났지만, 식민지배의 상징이었던 총독이 여전히 반도(조선)에 남아 지하조직을 결성해서 비밀리에 활동하고 있다는 것이다. 총독은 전쟁 전의 영광스럽던 제국으로 회귀할 것을 꿈꾸며, 조선을 다시 제국의 식민지로 만들고자 현 시국 상황을 분석하고 기록한다. 총독이 가장 걱정하는 것은 조선의 통일과 민주주의의 확립이다. 그렇게 되면 조선을 다시 식민지화하는 것이 불가능해지기 때문이다. 하지만 소설이 발표되던 1967년에 있었던 한국의 선거과정을 지켜보면서 총독은 크게 기뻐한다. 금권 부정선거로 얼룩진 당시 선거가 말해 주듯이 "역시나 조선인들은" 민주주의의 자유를 거추장스러워하며 오히려 제국의 식민지배를 그리워한다는 사실이 확실하다는 것이다.

이와 같은 총독의 평가는 식민지배를 정당화하는 제국주의자들의 전형적인 양상이지만, 한편으로는 한국 정치사회에 대한 풍자적 성격을 띠고 있다. 작가 최인훈은 빙적이아(憑敵利我), 즉 적의 입을 빌려 우리를 깨우치게 하는 방식으로 1965년 체제(한일협정)가 야기한 정치사회적 문제를 제기한 것이다. 그 속에는 국내외적인 복잡한 정치상황과 함께 여전히 우리 안에 작동하는 식민주의적 무의식에 대한 냉철한 비판도 있다. 내면화된 식민주의적 무의식이 국가주의적 파시즘과 연동될 수 있음을 작가는 간파하고, 1965년 체제에 가장 적절한 '총독'을 불러냈던 것은 아니었을까?

식민지배에 대한 일본의 진정한 사과가 선행되지 않는 한, 현재와 같은 한일 양국 간의 문제는 반복될 것이다. 아베 정권에 의해 제국은 조용히 떠오르고 있다. 수십 년을 한국에 살면서 한국에 관한 비하 발언을 일삼는 일본의 우익 언론인, '아베 수상님께 진심으로 사죄한다'며 눈물로 호소하는 어느 보수단체의 대표—심지어 그녀는 자신이 위안부로 끌려가도 일본을 용서해 줄 것이라고 했다—, 그리고 '우리 일본'을 운운하는 일부 한국 정치인들. 그들을 보니 조선인들이 제국의 식민지 노예가 되기를 바란다고 호언장담하던 '총독의 소리'가 귓가에 울린다. 1965년 체제에 은폐된 제국의 욕망과 식민주의적 무의식은 50년이 지나도 이렇게 건재하고 있다. 제국의 식민지 조선을 꿈꾸는 '총독의 소리', 그 부활을 목도하는 씁쓸한 광복절 아침이다.

배지연_2019. 8. 15.

호모 부커스(Homo bookers)의 가을

학교 식당에서 점심을 먹고 나오니, 머리 위로 펼쳐진 가을 하늘이 장관이다. 서울지역은 미세먼지가 극성이라는데, 요사이 대구의 하늘은 가을을 제대로 느끼기에 충분하다. 가을을 독서의 계절이라고 하지만, 가을은 산책이 더 어울리는 계절이다. 굳이 가을을 독서의 계절이라 이름 붙인다면, 산책하는 동안 자신이 읽은 것을 사색하기 좋은 계절이라 하는 것이 더 적절할 것이다.

요즘 사람들이 책을 잘 안 읽는다고 하지만, 책을 좋아하고 많이 읽는 사람들이 의외로 많다. 도서관에서 주관하는 인문학 강연을 나가면 그런 분들을 많이 만나게 된다. 늦은 저녁에 시작하는 강연이지만, 그분들은 진지하게 경청하시고 좋은 질문을 하신다. 그분들의 공통점은 책 속에서 삶의 지혜를 구할 줄 안다는 점이다. 인류의 지혜가 축적된 보물창고가 책이라는, 평범하지만 귀중한 사실을 알고 계신 분들이다. 우리가 위인이라고 일컫는 사람들은 모두 이러한 평범한 진리를 몸소 실천한 사람들이다.

작가들은 기본적으로 독서가다. 한국 현대문학사에서 손꼽히는 독서가로 최인훈 선생을 들 수 있다. 한 사람의 독서력은 그의 글에서 드러나는데, 최인훈 소설에 담긴 사유의 깊이는 그가 얼마나 많은 책들을 섭렵했는지를 보여 준다. 특히 최인훈 소설에는 그가 읽었던 독서의 흔적이 넘쳐 나며, 그러한 책 읽기가 글쓰기로 연동되는 과정 자체를 소설을 통해 보여 준다. 대표적인 것이 그가 말년에 쓴 『화두』다.

『화두』는 독서가에서 작가로 태어나는 과정을 삶의 이력으로서 쓴 소설이다. 『화두』는 작가가 고등학교 국어시간에 읽었던 조명희의 「낙동강」으로 시작하는데, 자신의 삶을 에두르며 소설을 쓰고 있는 자신의 이야기로 끝난다. 『화두』의 화자는 「낙동강」 독후감을 읽은 선생님으로부터 '이미 위대한 소설가'라는 평가를 받은 것이 자기 생의 계시라고 말한다. 『화두』에는 최인훈이 그간 읽었던 무수한 책들에 대한 이야기가 작가 개인의 생애와 한국 현대사의 맥락 속에서 서술된다. "도서관에서 나는 무엇인가가 되기 위해서 태어나고 있었다."라는 화자의 서술에서 짐작할 수 있듯이, 깊고 단단한 최인훈의 사유는 바로 그 책들에서 나오는 것이었다.

"독서하는 능력이 인간이란 종(種)을 정의한다."라는 알베르토 망구엘의 언급처럼, 최인훈 또한 인간이 필요한 모든 것은 책에 있다고 보았다. 그에 따르면, 인류 문명의 기반이 되는 인간의 의식은 이전 세대에서 후대로 계통발생과 개체발생을 반복하며, 그것을 매개하는 것이 책이라는 것이다. 최인훈의 대표작 『광장』을 비롯하여 그의 소설은 거의 다 이러한 책들을 매개로 당대 현실을 주시하며 쓴 것이며, 『화두』는 이러한 자신의 생애를 독서의 생애사로 풀어냈다.

자신의 생애를 독서로 풀어낸다면 내 삶은 무엇으로 채워질까? 내가 도서관에서 만난 분들은 그들만의 이력들을 준비하고 계셨다. 도서관

뿐 아니라 곳곳에 숨겨져 있는 책 읽는 모임들, 예컨대, 자체 독서프로그램을 운영하는 파이데이아, 사회적 협동조합 지식과세상, 대구경북인문학협동조합, 그리고 여러 책방들에서 만난 책 읽는 사람들에게서는 그러한 삶의 이력이 그들의 얼굴에 묻어났다. 그들 호모 부커스(Homo bookers)는 책을 통해 세상을 읽고, 세계의 불평등과 유쾌하게 맞서며, 삶의 고단함을 책이 주는 영감과 힘으로 이겨 내는 사람들이다.

지적 해방을 주장한 랑시에르가 말하듯 "해방된 개인만이 다른 개인을 해방할 수 있다."라고 할 때, 그것의 원천이 되는 것은 바로 책일 것이다. 이 가을, 호모 부커스는 어떤 책으로 세상을 읽고 있을까? 나도 호젓한 골목길을 거닐며 책과 함께 이 가을을 누리고 싶다.

배지연_2019. 10. 24.

꿈꾸는 아기집

가을볕이 내리쬐는 어느 오후의 기억. 기억 속의 나는 설레는 마음으로 아파트 초인종을 누르고, 현관 저편에서 인사를 건네는 반가운 얼굴과 마주한다. 소설가 최인훈 선생님을 마지막으로 뵙던 날의 풍경이다. 여러 차례 선생님 댁을 방문하며 최인훈 문학의 틈새를 어느 정도 메울 수 있었던 나는 그날 선생님께 앞으로 자주 찾아뵙겠다는 지키지 못할 약속을 했다. 가을이면 최인훈 선생님이 더 떠오르는 것은 그 때문이다.

난해하다고 평가받는 최인훈 소설을 제대로 이해하기 위해서는 작가의 자기 서사를 담은 소설 『화두』를 읽어야 한다. 『화두』는 소설을 절필한 지 20년 만에 발표한 장편소설로서, 인생의 '화두'를 풀어 가는 소설가의 삶을 다루고 있다. 인생을 살아가는 각자의 방법이 있지만, 최인훈에게 그것은 "가장 손에 익은 방법-'문학'이라는 돛대에 자기 몸을 묶는 일"이었다. 이처럼 자기 삶을 소설의 방식으로 재현한 『화두』는 자신이 읽고 썼던 다양한 텍스트를 매개로 메타픽션, 즉 소설 쓰기 과정을 소설로써 풀어내고 있다. 그러다 보니 『화두』에는 작가가 읽고 쓴 매우 다양하고 이질적인 텍스트들이 거대한 그물망처럼 엮여 있는데, 이러한 텍스트들의 기원은 그가 즐거이 출입했던 도서관에 있다.

최인훈은 자신의 독서 이력을 다채롭게 풀어내고 있는 『화두』에서 '도서관'을 '아기집[胎]'에 비유하며, 자신의 정체성 형성에 도서관이 주요했음을 밝히고 있다. 책 속의 세계와 현실의 세계를 구분할 수 없었던 어린 시절의 그는 조명희의 「낙동강」을 읽고 독후감을 쓰는 과정에서 "'현실'과 '책 읽기'와 '글쓰기' 사이를 잇는 실핏줄"이 생기게 되었다고 고백한다. 주인공의 사랑에서 친구의 사촌누이에게 느끼는 감정을, 집을 떠나는 로사의 뒷모습에서 자기 가족의 모습을 발견하는 화자는 그것을 글로 썼고, 국어 선생님으로부터 '신진소설가'라는 평가를 받게 된다. 이후 소설가의 길로 들어선 그의 궤적들은 도서관을 기원으로 한 읽기와 쓰기의 연동 과정에서 비롯된 것이라 하겠다.

단순히 읽는 행위에만 머무른다면 도서관에서 무엇인가로 태어나기는 쉽지 않을 것이다. 책 속의 세계에서 지금-여기의 삶을 읽어 내고 그 과정에서 보다 나은 새로운 세상을 꿈꿀 때야만 가능하다. 『화두』에서의 '현실과 책 읽기와 글쓰기의 연동'은 그래서 중요하다. 책을 읽으며 자기와 타인의 삶을 이해할 수 있지만, 추상적일 수 있는 앎을 구체화하는 것이 글쓰기다. 이처럼 읽고 쓰는 과정에서 누군가는 삶의 주체로 다시 태어나는 것이다.

요즘 도서관은 다양한 인프라를 구축하며 읽기와 쓰기의 연계를 적극적으로 시도하고 있다. 얼마 전에 있었던 2건의 출판기념회(경주시립도서관, 대구안심도서관)는 '꿈꾸는 아기집'으로서 도서관의 역할과 위상을 충분히 보여 주었다. 12주 동안 진행된 <도서관 지혜학교>를 통해 각자의 자서전을 출간한 선생님들은 이제 새로운 인생 2막을 준비하고 있고, <도서관 길 위의 인문학>을 통해 지역민들이 자신의 삶터를 탐구하여 한 권의 멋진 책으로 출간했다. 프로그램에 참여한 분들의 공통점은 도서관에서 꿈을 꾸며 역동적인 삶의 주체로 거듭났다는 점이다. 슬픔을 딛고 일어서고, 배우는 것을 두려워하지 않으며, 나이를 잊고 새로운 도전을 씩씩하게 펼쳐 가는 그분들께 존경과 응원의 마음을 보낸다.

배지연_2021. 11. 11.

기억과 기록

자기를 이야기한다(narrative)는 것에 대하여

최근에 『기억과 기록 사이』라는 책을 인상 깊게 읽었다. 북디자이너인 이 책의 작가 이창래는 자신이 읽고 만들어 온 책들을 가지고 삶의 내력을 이야기하고 있다. 말하자면, 이 책은 자신의 삶 속에 들어왔던 책의 기억을 떠올리며 그 순간들을 기록한 것이다. 작가의 첫 책은 마테를링크의 희곡 「파랑새」를 원작으로 하는 유아용 그림책이다. 작가는 이 책을 읽었던 순간의 기억을 선명하게 떠올리지 못한다. 대신 세 살배기였던 자신에게 그 책을 읽어 주었던 어머니의 기억을 옮겨 적으며 자신의 유아기를 기록한다. 남편에게 버림받은 젊은 아기엄마였던 작가의 어머니는 혼자 생계를 꾸리면서도 귀가 후엔 아이에게 책을 읽어 주었고, 여러 번 읽어서 글을 읽는 것처럼 외워 읽던 아이를 보며 삶의 끈을 놓을 수 없었다고 한다.

이처럼 작가는 자신의 유년기를 지탱해 온 어머니의 기억을 토대로 자신의 생애를 거슬러 기록할 수 있었고, 「파랑새」 이후 자신의 삶에 영향을 준 책들을 매개로 자신의 삶을 이야기한다. 책 읽기를 독려했던 작가의 어머니가 딱 한 번 그의 독서에 대해 면박을 준 적이 있는데, 그 책이 바로 최인훈의 『광장』이다. 월북한 아버지를 둔 주인공의 이야기라서 어머니가 마뜩잖게 생각했을 것이라고 짐작하는 작가는 어머니에게 저항하듯이 도서관에서 최인훈의 소설들을 빌려 와 읽었다고 한다. 그는 2018년에 작고한 최인훈에 관한 기사를 읽으면서 『광장』이 100만 부 이상 팔렸음을 알게 되며, "누군가의 기억에서 사라져 버렸다고 해도 출간된 책은 어딘가에 존재"함을 깨닫게 된다.

책을 통해 자기 삶을 이야기하는 글쓰기 방식은 최인훈 소설과 매우 유사하다. 최인훈 소설은 '메타적 글쓰기'라고 불릴 정도로 자신이 읽은 책을 매개로 새로운 글쓰기를 시도하며 읽기와 쓰기를 연동하는 특징을 보인다. 특히 자전적 소설 『화두』는 국어시간의 독후감 과제를 통해 소설가로서의 재능을 인정받았던 「낙동강」에 관한 이야기로 시작되며, 그의 삶을 거쳤던 무수한 책들과 역사적 사건들을 경유한다. 소설의 마지막 문턱에서 화자는 이렇게 이야기한다. "나 자신이 주인일 수 있을 때", 아니 "주인이 되기 위해서 써야 한다."라고. 수풀 같은 기억들 사이에 옳은 맥락을 찾아 기억들과 "옳은 연대"를 만들어 낼 때 비로소 자아의 주인이 될 수 있다고.

기억을 통해 개인의 과거는 보존되지만, 기억은 과거에 종속되어 있지 않고 그것을 풀어 쓰고 기록하는 과정을 통해 정체성을 획득한다. 『화두』와 『기억과 기록 사이』는 책들을 통해 자신의 정체성을 세워 가는 한편, 유년기에서 현재에 이르는 시간의 흐름 속에서 엉클어진 기억들을 재구성하여 자신의 삶을 기록했다. 이처럼, 자기를 이야기한다는 것은 기억을 통해 개인적(혹은 역사적) 사건을 재구성하고, 그것을 현재의 사건으로 지속되게 한다. 이러한 점에서 자신의 기억을 기록하는 일이야말로 현재의 나를 추동하는 힘을 갖는다.

몇 해 전부터 자서전 쓰기나 구술을 통한 생애사 쓰기가 활발하게 진행되고 있다. 필자도 대학 안팎에서 자전소설과 자서전 등 글쓰기 프로그램을 진행 중이다. 이러한 수업을 통해 깨달은 것은, 장르와 형태를 불문하고 자신의 이야기를 쓰기 시작할 때 놀라운 일이 생긴다는 사실이다. 글을 쓰는 이들은 긍정적이든 부정적이든 과거의 기억들을 통해 자기를 다시 바라보고, 그 과정에서 새로운 의미를 부여하며 자신을 격려한다. 이들의 달라진 눈빛과 표정에서 '자기를 이야기하는 것'이 지닌 신비한 힘을 느낄 수 있다. 독자 여러분들도 그러한 경험을 꼭 해 보시길 바란다.

배지연_2020. 2. 13.

자서전들 쓰십시다

말과 글로 먹고 사는 직업을 가졌지만, 때로는 그 말과 글이 아득하고 섬뜩하게 느껴진다. 특정 사안을 정쟁으로 몰아가는 이들의 말과 글이 TV나 신문, 각종 포털에 가득하고 그 텍스트 아래 혐오성 댓글들이 난무한 것을 발견할 때 참으로 가슴이 답답해진다. 그럴싸한 명분과 논리로 포장했지만 자신들이 내세우는 가치에 반하는 그들의 말들이 달갑지 않다. 각종 현안에 대한 대책 없는 말과 글이 쏟아지는 요즘, 우리가 사는 이 세상에 '떠도는 말들'에 대해 다시 생각해본다.

소설가 이청준은 「떠도는 말들」을 비롯하여 여러 편의 소설에 '언어사회학서설'이라는 부제를 달고 언어에 대한 탐색을 시도하였다. '언어사회학서설 2'라는 부제가 달린 「자서전들 쓰십시다」에서 화자(話者)는 잘못 걸려온 전화, 신문과 라디오 전파를 타고 떠돌아다니는 말들을 "바퀴벌레처럼 금세 소굴을 튀어나오려고 기회를 노리고 있는 뻔뻔스럽고 염치없는 말들", "고함을 치거나 혹은 엄살을 떨면서 서물서물 종이 위를 간지럽히며 기어다니는 신문지의 활자어들", "뱀처럼 음흉스럽고 쉴 새 없이 꼬리를 뒤흔들며 쏟아져 나오는 라디오의 전파음들"로 표현하며, 이를 "임자 없는 말의 유령들"이라고 언명했다.

호구지책으로 자서전을 대필하는 소설의 주인공은 자신의 글쓰기가 '실체도 없는 언어'를 부리는 작업임을 깨닫는다. 그는 과거의 상처와 실패를 미화하는 데 자서전의 목표를 두거나 자신의 신념을 강요하는 방식으로 자서전을 쓰려는 고객들의 요청을 거부함으로써 실체 없는 글쓰기를 중단하고자 한다. 이처럼 「자서전들 쓰십시다」는 글쓰기의 실체가 자명해야 할 자서전의 대필을 제재(題材)로 다루면서 현대사회의 언어 사용 양상을 비판하고 있다. 소설에서 "자서전들 쓰십시다"는 대필과 연계되어 반어적으로 쓰이지만, 자서전을 통해 언어의 실체를 찾아가는 과정을 설명함으로써 존재의 실체를 담보하는 진정한 자서전의 의미가 강조되고 있다.

자서전은 자기에 대한 글쓰기, 즉 자기가 주체이자 대상이 된다. 자서전은 현재의 '나'가 과거의 '나'를 만나는 자기성찰의 과정을 통해 과거로부터 해방된 자유로운 주체로 서게 한다. 그러기 위해서는 용기가 필요하다. 지난 상처와 과오를 거리 두어 바라보고 그것에서 벗어날 수 있는 용기, 또 그것을 진실하게 기록하여 누군가에게 자신의 삶을 말할 용기. 따라서 자서전은 자신을 우상화하여 세상에 자신을 과시하기 위한 것이 되어서는 안 되며, 자기성찰과 용기로써 진실을 기록하는 글이어야 한다.

필자는 요즘 문화체육관광부 등이 주관하는 인문 심화 프로그램인 <도서관 지혜학교>에서 자서전 쓰기 수업을 하고 있다. 12주 수업을 마치고 각자의 자서전을 출간하고자 하는 수강생들과 과거로부터의 자유를 꿈꾸는 여정을 함께하고 있다. 매시간 과제로 제출하는 그분들의 글에는 힘들고 서러운 시간 속에서 간신히 버티고 있는 자신에게 따뜻한 말을 건네는 '어른 아이'가 서 있다. 그 '어른 아이'는 아직도 해결하지 못한 상처와 씨름하면서, 그 시간을 건너온 자신을 위로하는 중이다. 자유로운 영혼을 꿈꾸는 그들의 여정과 그 용기에 찬사를 보내며, 이 칼럼의 독자들께 이렇게 권면하고 싶다. 자서전들 쓰십시다.

배지연_2020. 10. 15.

새해 소망

이런 '공부' 하게 하소서

2020년 새해가 밝았다. 새해가 되면 사람들은 무언가를 이뤄 보겠다며 '작심'을 하곤 하는데, 이를 위한 소망 목록(Wish List)에는 자기계발을 위한 운동이나 공부 등이 주를 이룬다. 특히 목록에 자주 등장하는 각종 '공부'들은 무한경쟁의 시대에 살아남기 위해 자신의 능력을 키우거나 그러한 세상을 살기 위해 자신을 재충전하기 위한 것이다. 말하자면 자신을 위한 공부인 셈이다. 그런데, 작가 권정생은 공부의 목표를 전혀 다른 데에 둔다.

권정생은 「빌뱅이 언덕」이라는 글에서 이렇게 말했다. 사람이 공부하는 목표는 공정치 못한 일을 바로 고쳐 가기 위한 것이며, 그런 사람이 바로 혁명가라는 것이다. 일제강점기 일본에서 태어나 해방 후에 귀국하여 평생 가난하고 병든 삶을 살아온 권정생은 자신이 읽고 쓴 글을 통해 불공정한 세상을 바루고자 했다. 사람들이 쓸모없다고 손가락질하는 강아지똥과 절름발이 소녀, 그리고 강변의 돌멩이와 들꽃들에게 "하나님은 쓸데없는 물건은 하나도 만들지 않으셨어. 너도 꼭 무엇엔가 귀하게 쓰일 거야."라며 그들의 존재를 따뜻하게 품어 안았다. 그것이 권정생 동화의 핵심 주제이며, 그의 글을 읽는 이들을 통해 소외받는 사회적 약자들과 더불어 살아가는 세상을 꿈꾸게 했다.

권정생은 작고 여린 존재들의 가치를 긍정하는 데 그치지 않고, 가난한 자들과 부유한 자들, 병든 자들과 건강한 자들이 다 같이 공정하게 살아갈 삶의 방식을 고민했다. 능력 있고 강한 자들이 많은 것을 소유하는 이 세상의 방식에 반대하며, '온 세상 모두'가 함께 누리며 평화롭게 살아가는 세상을 이야기했다. 권정생의 시와 동화는 대부분 이러한 생각들을 담고 있는데, 이는 그의 삶과 공부에서 비롯된 것이다. 권정생은 국민학교 졸업이 최종학력이지만, 성경을 비롯하여 톨스토이·키에르케고르·엔도 슈사쿠·샤르트르·함석헌 등의 저서를 읽으며 그들의 삶과 사상을 자신의 글 속에서 체화하였다. 노년의 권정생은 막대한 인세를 받았지만 예전처럼 가난하게 살았으며, 자신의 재산을 가난하고 힘없는 이들과 북한의 아이들을 위해 사용해 달라는 유언을 남겼다. 이처럼 그는 자신이 읽고 배운 대로 살았고, 자신의 글을 통해 세상을 '바로 고쳐' 나가고자 했다. 이것이 권정생의 '공부'이며 '혁명'이다.

지난 봄, 안동 일직에 있는 권정생 생가에서 배낭을 멘 젊은 여성을 만났다. 인천에서 직장생활을 하는 그녀는 자신이 살면서 힘이 되어 준 권정생의 동화를 생각하며 휴가를 내서 그곳을 찾았다고 한다. 활짝 웃으며 떠나는 그녀의 모습은 "너도 꼭 무엇엔가 귀하게 쓰일 것"이라는 동화 속 이야기에 의지하며 삶을 지탱해 왔을 우리들의 뒷모습이리라. 올해 내 소망은 권정생의 '공부'를 제대로 해 보는 것이다. 내가 읽고 배운 대로 행동하기, 그리고 그것을 통해 부당한 세상을 조금씩 고쳐 나가기. 내가 하는 말, 내가 쓰는 글이 그러한 통로가 되길 소망한다.

배지연_2020. 1. 1.

다시 '한티재 하늘' 아래서

한국 아동문학의 대표 작가인 권정생 선생님(1937~2007)은 영남지역을 기반으로 사십여 년 동안 문학 활동을 해 오셨다. 『강아지똥』과 『몽실언니』 등이 권정생 선생님의 작품으로 유명하지만, 필자가 가장 좋아하는 것은 장편소설 『한티재 하늘』(1989)이다. 이 소설은 안동의 '한티재' 등 경북 북부지역을 공간적 배경으로 하여, 1895~1937년 사이에 일어난 한국 근대사의 중요한 사건들을 이름 없는 민중들의 시각으로 다루고 있다. 『한티재 하늘』은 이 시기 이후 현대사까지 아우르는 대하소설로 구상되었지만, 2권까지 발표된 이래 미완으로 남겨져 있다.

소설의 제목에서 알 수 있듯이, 소설의 다양한 서사를 아우르는 것은 '한티재'다. 한티재는 경상도의 주요 도시였던 대구에서 안동으로 들어오는 첫 고개인데, 소설에서는 갑오농민전쟁, 을미의병, 일제의 수탈과 3·1운동 등을 통해 자신의 삶터를 빼앗긴 사람들이 오고 가는 길목으로 그려지고 있다. 동학 봉기에 동학군을 도왔다는 이유로 남편이 매 맞아 죽자 한티재를 넘어 친정으로 도망 온 정원네, 신돌석 장군의 봉기 소식에 머슴살이를 도망쳐 나온 주남이, 언 강에 몸을 던진 어머니를 두고 도망쳐야 했던 달옥이. 이들 모두 한티재를 넘어서 새로운 터전으로 옮겨

갔다. 그 밖에도 많은 사람들이 애국 계몽기와 일제강점기의 역사적 수난에 휩쓸려 이 고개를 넘어갔다.

대하역사소설로도 평가받기도 하는 이 소설에서 핵심요소는 장소다. 역사적 변혁을 온몸으로 살아 내는 이들의 삶은 한티재를 오르내리고 주변의 골짜기와 마을을 터전으로 하기 때문이다. 『한티재 하늘』의 첫 부분은 이 소설의 주요 공간인 삼밭골에 대한 상세한 서술로 시작한다. 작가는 "삼베 길쌈처럼 고달프게 살아가는 사람들이 모여 사는 곳"이라는 삼밭골을 묘사하면서, "조선땅 어디나 반반한 곳이면 양반님네들이 자리를 움켜쥐고" 떵떵거리는 반면, 농부들은 "구석자리로 밀려나" 헐벗고 굶주린다고 이야기한다. 이 부분은 삼밭골 사람들과 한티재를 오가는 이들의 수난이 어디에서 비롯되었는지를 가늠하게 한다.

삼밭골은 척박한 산지라 농사를 지어도 수확량이 많지 않고, 농사일도 더 고되다. 제대로 된 평지가 없기에 이곳에는 양반이 살지 않는데, 그럼에도 여름지기(농민)들은 그들이 수확한 곡식을 딴 마을에 사는 양반들에게 소작료로 바쳐야 한다. 이들의 삶이 고달픈 이유는 바로 여기에 있다. 삼밭골이라는 땅의 자연 지리적 조건의 문제가 아니라 특정 계층에게 집중되는 땅, 그 '땅으로 나타나는 불평등한 지배구조'로 인해 그들의 삶이 더 힘든 것이다. 이렇게 시작되는 『한티재 하늘』은 역사적 고난을 힘겹게 살아가는 민중들의 삶 속에서 그들을 옥죄는 지배세력, 양반들의 이중성을 질타하고 있다. 농민들에게 소작료로 받은 쌀 몇 되로 누구든 종을 삼아 평생을 부려 먹는 양반들을 향해 화자는 그들이 들먹이는 법과 삼강오륜, 성리학적 질서가 진정 사람을 살리는 것이었는지를 묻고 있다.

『한티재 하늘』에 그려진 이러한 모순과 불평등은 2020년 지금-여기에서도 발견된다. '영혼을 끌어모아' 내 집을 마련한다는 대한민국의 부동산 열풍에 대해서는 현상을 넘어 그 근원적인 문제에 천착해야 한다. 국민 모두가 투기꾼은 아니다. 평범한 삶을 꿈꾸는 많은 이들이 땅과 내 집에 집착하는 현상 이면에 숨겨진, '땅으로 나타나는 불평등한 지배구조'를 끊어 내기 위한 집요한 분석과 모색이 필요하다. 그렇지 않고서는, 현재 정치권에서 부동산을 둘러싸고 일어나는 행태와 정책들이 『한티재 하늘』에서 '양반님네'들이 들먹이는 법과 삼강오륜과 다를 바 없을 것이다.

배지연_2020. 7. 30.

'슬픈 나막신'의 눈물과 '흙덩이'의 축복

코로나19가 국내에 유입된 지 일 년이 지났다. 이 바이러스의 공습으로 전 세계가 재난 수준의 고통을 겪고 있지만, 역설적이게도 우리 사회의 가장 취약한 고리들을 발견하고 그들을 위한 제도적 개선과 사회 인식의 변화를 요청하는 계기가 되고 있다. 그 취약한 것들 중에 하나가 아동 문제다. '정인이 사건'을 비롯하여 힘없는 아이들이 어른들 때문에 고통당하는 사건들이 보도되는 요즈음, 평생 아이들의 고통과 슬픔을 헤아리며 글쓰기 작업을 해 온 권정생 선생(이하 권정생)을 생각해 본다.

권정생은 1937년 도쿄 시부야의 빈민가에서 태어났다. 일자리를 찾아 일본으로 건너간 부친을 찾아 어머니도 일본으로 갔고, 도쿄에 정착하여 권정생을 낳았다고 한다. 권정생은 청소부였던 아버지가 주워 온 낡은 동화책을 읽으며 혼자 글을 깨치는 한편, 자신을 살뜰히 챙겨 주는 동네 사람들을 만나며 사람살이의 정을 누리기도 했다. 태평양전쟁 말기, 공습으로 폐허가 된 도쿄에서 권정생은 가난과 전쟁의 참상을 몸소 겪었다. 그러한 고통에 가장 취약한 것이 아이들이었음을 그는 실감했고, 이것은 그의 글을 이루는 토대가 되었다.

이러한 유년기의 기억을 바탕으로 쓴 것이 『슬픈 나막신』이라는 장편

동화다. 이 동화는 태평양전쟁이 한창이던 1940년대, 일본 도쿄 혼마치의 한 골목에 거주하는 가난한 아이들 이야기를 다루고 있다. 중심인물인 준이는 도쿄에서 태어난 조선 이주민 2세로, 청소부 아버지가 주워온 언 고구마를 삶아 끼니를 때울 정도로 가난하다. 이 동네 아이들은 국적에 상관없이 가난과 질병, 양부모와의 문제, 가정의 불화, 민족차별 등 각자의 고통 속에서 살아가고, 그 속에서도 우정을 키우며 성장한다. 이 아이들을 두고 권정생 선생은 '슬픈 나막신'이라고 부른다.

1940년대 식민지 조선인이 일본에서 산다는 것은 민족 차별과 빈곤을 떠나 상상하기 쉽지 않다. 『슬픈 나막신』은 민족차별과 반목을 일삼는 어른들을 향해 "아이들은 바르게 자라라고 가르치면서, 어른들은 자기들 마음대로 비뚤어진 짓을 하고 있다."라고 비판한다. 동시에 "그 어른들이 있어야만 아이들은 살아갈 수 있다는" 슬픈 현실을 환기하고 있다. 스스로 살아갈 힘이 없기에 아이들은 학대와 핍박을 당하면서도 그것에서 쉽사리 벗어날 수 없다. 당장 이겨 낼 힘이 없는 아이들은 그저 "조용히, 그러나 가장 아프게, 쓰라리게, 기도로써 눈물겹게 싸운다." 이와 같이 전쟁과 가난 속에 방치된 아이들의 눈물겨운 분투는 권정생 동화의 주류를 이룬다.

아이들의 고통은 어른으로부터 비롯된다. 아이를 자신의 소유로 인식하거나 힘없는 존재라서 마구 대하는 데서 비극은 시작된다. 권정생은 『강아지똥』에서 작고 힘없는 어린 존재를 대하는 성숙한 어른의 모습을 그리고 있다. 더럽고 쓸모없는 존재라고 비난받던 개똥에게 "너도 무엇엔가 귀하게 쓰일 것"이라고 축복하던 흙덩이가 바로 그런 어른이다. 길가에 내던져진 흙덩이는 죽음을 예견하며 자신의 죄를 고백한다. 자기에게 뿌리를 박고 있던 아기 고추나무가 여름 장마철에 메말라 죽게 된 사건을 두고, 흙덩이는 자기 잘못으로 생각한다. 가뭄 끝에 고추가 말라 죽은 것은 흙덩이의 잘못만은 아닐 것이다. 하지만 자신에 들어온 생명을 귀하게 여기고 그것이 성장할 수 있도록 끝까지 최선을 다하는 것, 그것이야말로 어른들이 할 일이다. 부모(친부모, 양부모)뿐 아니라 학교와 지역사회 구성원 모두가 한 생명의 '흙덩이'가 될 때, 더 이상 정인이 사건과 같은 기막힌 일들이 일어나지 않을 것이다. 그날을 기대해 본다.

배지연_2021. 1. 21.

프라이팬과 솥뚜껑 연대기를 꿈꾸며

며칠 있으면 설 연휴다. 설이 가까워지면 할머니의 진두지휘 아래 엄마와 함께 제사음식을 준비하던 기억이 떠오른다. 엄마는 설 며칠 전부터 장을 봐서 제사에 쓸 음식들은 미리 준비하셨고, 설 전날엔 집안의 여자들이 프라이팬 앞에 붙어 앉아 제사에 쓸 전과 부침개를 몇 광주리씩 부쳤다. 종일 준비한 음식들로 설날 제사를 지내고 며칠 동안 손님을 대접하다 보면 설 연휴는 훌쩍 지나가 버렸다. 지금은 사정이 달라졌을까? 명절 전날 파업을 선언한 동서들, 시댁에서 명절을 꼬박 보내는 며느리 이야기가 아직도 영화와 드라마의 단골 소재인 걸 보면 명절 준비에 지친 여성들의 삶은 여전한 듯하다.

물론 현대 여성의 삶을 조선시대와 비교한다면 진일보했다고 평가할 수 있을 것이다. 불과 100년 전만 해도 가부장제와 봉건적 계급 사회에서 여성은 이중적 착취를 당하는 절대적인 사회적 약자였다. 여성이 겪는 희생과 고통은 당연한 것으로 인식되었고, 공식 역사에서 여성들의 이야기는 잘 다뤄지지 않았다. 이러한 남성 위주의 공적 역사와 서사를 비튼 것이 권정생의 소설 『한티재 하늘』이다. 이 소설은 동학혁명과 의병, 3·1운동으로 집을 떠난 남자들을 대신해서 생계를 꾸리며 자식을 키워 낸 할매와 아지매들의 이야기이다. 그때나 지금이나 남편 없이 살아가는 것은 힘든 일이지만, 꿋꿋하게 살아남은 여성들은 다양한 방식으로 부계 중심의 유교적 질서를 뒤엎는다. 곁을 내어 주지 않는 남편에게 더는 미련을 두지 않기로 선언한 영분이 이웃 여자들과 함께 노동하며 자신의 삶을 꾸려 가고, '모두가 하나님'이라는 동학 정신을 삶에서 실천하는 은애가 계급 질서에 균열을 내면서 자기 앞에 놓인 삶을 바꿔 나간다.

100년 전 하와이 이주 한인들의 이야기를 다룬 이금이의 소설 『알로하, 나의 엄마들』(2020)도 그러한 여성들의 연대를 다루고 있다. 하와이에서 보내온 사진을 보고 그곳으로 시집을 간 여성들, 말하자면 '사진신부'였던 세 친구는 낯선 땅에서 서로 의지하며 역경을 이겨 낸다. 하와이 이민 1세대라고 불리는 이들은 그저 가난 때문에 조선 땅을 떠난 것은 아니었다. 가난이 일차적 이유였지만, 조선에서는 할 수 없었던 공부를 하기 위해, 과부나 무당의 딸이라는 굴레에서 벗어나 자유롭게 살기 위해 낯선 땅 하와이로 떠났다. 막상 하와이에 와 보니 현실은 달랐다. 사진 속 신랑은 거의 스무 살 이상 차이 나는 중늙은이들이었고, 기대와 달리 그들은 이주노동자의 아내로 가난하게 살아야 했다. 언어도 통하지 않고 가족도 없는 곳에서 하와이 이주 여성들은 서로를 보듬고 달래며 서로의 가족이 되었고, 그 힘으로 험난한 시간을 헤쳐 나갔다.

역사 자료와 구술사에서 건져 낸 사실을 바탕으로 한 이들 소설은 특정한 누군가의 이야기를 넘어 우리네 할머니들, 엄마들의 이야기이다. 그래서 그들의 이야기는 울림이 크다. "파도처럼 온몸으로 세상과 부딪치며 살아갈 것"이라는 소설 속 인물의 말과 같이, 인생의 수많은 파도를 넘어서며 살아온 그네들처럼 우리 또한 살아갈 것이다. 여성의 연대를 다룬 이 소설들은 남성/여성이라는 성 대결의 구도가 아니라 인간에 대한 이해의 관점에서 읽어야 한다. 버거운 일들을 감당해 가는 누군가에게 손을 내밀어 일어설 힘을 보태고 곁을 내어 주는 것이 필요하다는 이야기다. 이번 설에는 엄마와 아내, 제수씨에게만 설 준비를 맡기지 말자. 프라이팬 앞에서 전을 함께 부치고, 설거지를 함께하며 설 연휴 동지애를 발휘하면 어떨까? 이러한 설날의 연대기가 또 다른 연대의 마중물이 되어 고고하게 이어지기를 기대해 본다.

배지연_2022. 1. 27.

한가위 달마중하며

박경리의 『토지』 읽기

올해 추석에는 백 년 만에 가장 둥근 보름달이 떴다. 오랜만에 만난 친정 식구들과 저녁밥을 푸짐하게 먹고 동네 하천 둔치에 나가 달마중을 했다. 우리 생애 처음이자 마지막으로 볼 수 있는 가장 완벽한 둥근 달이라서 그런지 달맞이 나온 사람들이 많았다. 아파트 단지와 구름을 뚫고 얼굴을 내미는 달님을 기다리다 보니, 얼마 전 완독한 소설 『토지』의 서(序)장 부분이 생각났다.

박경리가 26년간 집필해 온 『토지』의 첫 부분은 1897년의 한가위라는 시간적 배경을 글머리에 두고, 황금빛 물결을 이루는 가을 들판과 흥성한 추석의 풍경을 그리고 있다. 차례와 성묘를 마치고 이웃끼리 음식을 나누면 타작마당에 사람들이 모이기 시작하고, 신명 나는 풍물놀이판이 펼쳐지자 온 동네가 들썩인다. 달 뜨기를 기다려 강가로 모여드는 마을 처녀들의 노래는 한 해의 안녕을 기원하는 평사리 사람들의 소망을 담고 있으리라. 『토지』의 한가위 풍경이 이렇게 흥겨운 것만은 아니다. 소설의 화자(話者)는 흉년에 굶어 죽어간 늙은 부모, 돌림병에 죽은 자식, 민란 때 원통하게 죽은 남편, 흙 속에 잠이 든 숱한 이웃들을 불러

내며, 가난한 영혼들에게 "팔월 한가위는 한산 세모시 같은 처량한 삶의 막바지, 체념을 묵시하는 축제"라고 덧붙인다.

이처럼 작가 박경리는 원고지 3만1천200장 분량, 전체 5부 25편 326장(序 포함)의 대하소설 『토지』, 그 서두를 "풍요하고 떠들썩하면서도 쓸쓸하고 가슴 아픈 축제"라는 다중적 풍경으로 열고 있다. 서장에서 다룬 1897년 한가위 하동 평사리의 풍경은 최참판댁 그늘 아래 추석날 하루만은 배불리 먹을 수 있는 가난한 영혼들의 처량한 삶의 축제를 압축적으로 재현한 것인데, 이는 이후 『토지』의 서사를 추동하는 것이 최씨 일가의 가족사를 넘어 이들과 함께 살아가는 가난한 영혼들의 이야기임을 내포하고 있다.

한가위 달마중을 하며 『토지』의 첫 장면을 떠올린 것은 달이 떠오르기를 기다리던 1897년의 가난한 영혼들에게 동질감을 느꼈기 때문이었다. 명절 하루에 시름을 잠시 내려놓고 오랜만의 여유를 누려 보는 '가난한 영혼들'이 오늘의 우리가 아닌가. 그 순간 달 아래 세상 모든 생명이 하나같이 귀하게 보인 것도 『토지』와 무관하지 않다. 『토지』는 19세기 후반~20세기 전반(1945년 해방까지) 한국 근현대사의 흐름을 최씨 일가의 가족사를 중심으로 조망하고 있지만, 모진 삶을 살아가는 사람들의 한(恨)과 강인한 생명력을 소설화함으로써 어떠한 삶과 죽음이든 모든 생명에는 나름의 의미가 있음을 집요하게 보여 준다.

이러한 『토지』의 지향은 600여 명의 등장인물 중에서 영웅이나 잘난 사람들이 아니라 미천한 이들을 통해 삶의 지혜를 제시하는 방식으로 형상화된다. 예컨대, 거친 삶을 살았지만 인간의 도리를 잊지 않았던 평사리의 목수 윤보는 "날씨도 갠 날 흐린 날 눈비 오고 바람 불고 노성

벽력 치고 하듯이 사람 살아가는 평생도 그 같은 거 아니겄나."라며 사시사철 갠 날만 있다면 그것이 어찌 극락이겠냐고 말한다. 우리에게 다가올 날들이 어떠하든지 그 모든 것이 함께 흘러갈 것이니 너무 두려워하거나 자만하지 말라는 윤보의 말이 한가위 달빛 아래 고요히 울리고 있었다.

배지연_2022. 9. 15.

떠도는 땅과 이주자들의 시간

얼마 전 제주에 다녀왔다. 봄마중을 간 것은 아니고, 제주대학교 탐라문화연구원과의 연구협약 체결을 위한 걸음이었다. 이 연구원은 제주학 연구를 통해 지역 사회의 발전과 동아시아 사회문화 교류에 기여하고 있다. 근래에는 2018년 제주 예멘 난민 사건을 기반으로 '쿰다로 푸는 제주 섬의 역사와 난민'이라는 연구를 진행하고 있다. 삼별초를 비롯하여 4·3까지 육지에서 건너온 자들의 억압과 제주 사람들의 저항의 역사는 오래된 것이고, 그때마다 많은 이들이 바다를 건너 제주를 떠났다. 바다를 떠도는 난민들, 경계에 서 있는 이주자들은 제주 사람들의 또 다른 모습일지 모른다.

난민 연구의 핵심은 제주의 '쿰다' 문화에 있다. '쿰다'는 '품다', 포용하고 품어 안는다는 뜻의 제주어다. 제주 사람들은 육지 사람들의 수탈에 저항하기도 했지만, 무엇보다도 상처 입어 숨어들어 온 이들을 품어 안았다. 어머니의 품처럼 제주는 약하고 여린 존재를 포용하고 받아들인다. 이러한 '쿰다'의 행위는 내 집 밖의 타자를 집 안으로 맞아들이는 환대에 다름 아니다. 나와는 다른 '낯선 자'이지만, 그들의 호소에 응답하는 것. 진정한 '쿰다'를 실천하는 것이 난민과 이주자 문제를 풀어 가는 열쇠가 될 것이다.

이러한 난민과 이주자의 문제는 타민족이나 인종만의 문제가 아니다. 우리 근현대사를 조금만 살펴봐도 국경을 넘는 이주민의 기록은 넘쳐난다. 조선 후기만 해도 지배층의 수탈을 피해 스스로 난민이 되어 국경을 넘은 자가 허다했으며, 국권침탈을 전후로 해서 만주와 연해주 등지로 이주하는 사람들도 많았다. 연해주에 이주한 조선인(고려인)들이 스탈린 정권에 의해 중앙아시아 지역으로 강제 이주된 사건은 민족 이주 역사의 대표적 사건이다. 연해주 일대 일본의 간첩활동을 막는다는 명목으로 1937년 강제 이주된 수십만 명의 고려인들은 자신의 삶터에서 빈손으로 쫓겨나 이름도 모르는 머나먼 땅에 던져졌으며, 열악한 열차 환경으로 수많은 이들이 사망했다.

소설가 김숨은 이러한 강제 이주의 역사를 소설 『떠도는 땅』(2020)에서 다루고 있다. 소설은 고려인들을 실은 시베리아 횡단열차 내부의 장면을 그리면서 한 칸에 탑승한 이주자들의 이야기를 담고 있다. 성별, 나이, 태생도 다르고 연해주에 정착한 이유도 다른 이들의 이야기는 시간을 거슬러 고려인의 150년 역사로 얽혀 있다. 민족과 인종, 계급과 이데올로기로 갈등하는 그들의 과거는 강제 이주되는 열차 안에서 모두 무화된다. 조선인도, 러시아인도 아니고, 노동자나 지주도 아니며, 적군파도 백군파도 아닌 그들에게 요청되는 것은 그저 인간의 존엄뿐이다.

『떠도는 땅』은 강제 이주의 역사적 사건에서 시작하지만, 실상은 뿌리내릴 땅을 찾아 떠도는 인간 존재에 대한 물음을 담고 있다. 땅을 찾아 국경을 넘어온 이들은 그들이 일군 땅을 빼앗기지만, 새롭게 이주한 땅에서도 끈질기게 뿌리내린다. 이곳에서 저곳으로 옮겨 다니다가 생을 마치고, 다시 이승에서 저승으로 이주하는 존재, 그것이 인간이다. 그렇게 본다면 우리가 난민이나 이주민을 타자로 배척하는 것은 자기 존재를 부정하는 일이기도 하다.

3월이다. 새 학기를 맞아 진학과 진로를 위해 많은 이들이 자신이 살던 곳을 떠나 낯선 곳으로 이주한다. 필자도 얼마 전에 일터를 옮겼다. 누군가에게는 설렘과 기대가, 또 누군가에게는 내일을 위한 수고와 고난이 기다릴 수도 있다. 하지만 잊지 말자. 뿌리내릴 땅만 있다면 생은 끈질기게 이어진다. 이주하는 모든 이들이 환대받는 세상을 소망하며, 새 땅을 향해 나아가는 모든 이들을 응원한다.

배지연 _ 2021. 3. 4.

장군의 귀환과 환대의 윤리

지난 광복절에 독립투쟁에 생을 바친 홍범도(1868~1943) 장군의 유해가 서거 78년 만에 고국으로 돌아왔다. 항일 독립투쟁사의 기념비적 전투인 봉오동 전투의 영웅 홍범도 장군은 조선과 간도, 연해주, 그리고 중앙아시아에서 치열하고 지난한 삶을 살다가 고국이 광복된 지 76년 만에 비로소 귀환한 것이다. 장군의 귀환은 항일투사의 귀환이기도 하지만, 약소국의 백성이기에 고국을 떠나 머나먼 땅을 떠돌았던 이의 귀환이며, 무엇보다도 그의 귀환에 국가가 적극적으로 개입했다는 점에 주목할 필요가 있다.

힘들던 시기에 국경을 넘어 만주와 연해주로 이주한 이들과 그 후손들이 1937년 소비에트에 의해 강제 이주된 사건을 다룬 김숨의 소설 『떠도는 땅』(2020)에는 홍범도와 같은 시대를 살았던 이들의 삶이 켜켜이 쌓여 있다. 이 소설은 블라디보스토크에서 중앙아시아 카자흐스탄까지 40일간 시베리아횡단철도로 강제 이주된 한인들의 이야기를 다루고 있는데, 다수의 이주민들이 풀어내는 복수(複數)의 목소리를 통해 1937년 강제이주와 겹쳐지는 다양한 이주의 역사와 실상들을 재현하고 있다.

『떠도는 땅』에서 펼쳐지는 그들의 서사는 1860년대 이후 한인들의 이주의 역사를 재현하고 있지만, 연해주에 거주하는 다양한 인종과 민족의 사람들과 그들의 서사도 함께 배치되어 있다. 간도와 연해주를 오가며 생계를 꾸리고 캄차카반도까지 이동하여 노동하며 근근이 살아가는 러시아 한인들의 지난한 삶과 함께, 연해주의 원주민이 자신의 터전을 빼앗기는 흔적 등이 그려진다. 이 과정에서 『떠도는 땅』은 여타의 소설들처럼 조선을 떠나온 이주민들과 그들의 후손들이 민족을 상상하는 방식을 다루면서도 민족과 인종, 계급과 이데올로기가 교직하는 다양한 이주와 이동의 서사 속에서 민족 그 너머를 사유하게 하는 상상력을 제시하고 있다.

"우리도 이것을 시작으로 떠돌며 살게 될지도" 모른다는 소설 속 인물의 말은 '고려인'이라고 불리는 러시아 한인의 150여 년 이주사를 요약하고 있다. 19세기 말 조선 국경을 넘어 러시아로 이주한 이들은 1937년 중앙아시아로 강제 이주되어 수십 년간 정착했지만, 1990년대 카자흐스탄·우즈베키스탄 등의 개별 국가로 독립하면서 다시 그 땅을 떠나 연해주와 그 국경 너머 중국과 한국으로 이주하고 있다. 『떠도는 땅』에서 그려지듯이 러시아 한인들은 인종과 언어, 이데올로기와 문화 등에서 정체성의 혼란을 겪었고, 많은 시간을 환대의 부재 속에서 고통받기도 했다. 그런데 선조들의 고국이라는 한국으로 넘어온 러시아 한인 4세들은 이 땅에서도 환대받지 못하고 또 다른 정체성의 혼란을 겪고 있다.

이번 광복절의 '장군의 귀환'을 통해 그와 같은 시간과 역사를 살았던 러시아 한인들의 삶을 기억하는 계기가 마련되길 바란다. 그보다 더 바라는 것은 민족과 인종, 이데올로기를 넘어 인간을 인간으로서 온전히 받아들일 수 있는 환대의 윤리를 숙고하는 것이다. 환대는 자신이 머무는 공간으로 타자를 들어오게 하고 그를 향한 적대를 거두어들임으로써 우정의 가능성을 열어 두는 것이다. 『떠도는 땅』에서 그려진 러시아 한인들을 향한 환대의 부재에 분노한다면, 오늘날 국경을 넘어 이 땅에 들어온 이들을 향한 우리의 태도를 성찰해 봐야 할 것이다. 나는 주변에 있는 낯선 이주민 혹은 나와 (성별, 나이, 계급, 종교 등이) 다른 누군가에게 내 자리를 내어 줄 수 있는지.

배지연_2021. 8. 19.

다시 희망을 모아 꽃을 피울 때

외지인들에게 대구 근대 골목을 소개할 때 빠트리지 않고 방문하는 곳이 있다. 바로 희움 일본군 '위안부' 역사관(이하, 희움 역사관)이다. '희움'은 '희망을 모아 꽃피움'의 줄임말로, '위안부' 할머니들의 못다핀 희망을 꽃피운다는 의미를 담고 있다. 희움 역사관은 "내가 죽어도 내게 일어났던 일은 잊지 말아 달라."라며 5천여만 원을 기탁하신 김순악 할머니의 유지를 받들어, 국내외 시민들의 모금 운동으로 건립되었다. 일본군 '위안부' 할머니의 기부금과 시민 성금(브랜드 희움 수익금 포함)으로 건축비의 60% 이상을 충당한 희움 역사관은 일본군 '위안부' 생존자, 시민단체, 시민의 연대와 협력이 가장 이상적으로 구현된 곳이다.

희움 역사관을 건립한 '정신대할머니와함께하는시민모임(이하, 시민모임)'은 1997년 결성된 이래, 대구 경북지역 일본군 '위안부' 생존자들의 인권과 명예회복을 위해 노력해 왔다. 할머니들의 일상생활을 돕는 한편, 증언집을 발간하여 그들의 역사를 기록하는 작업을 해 왔다. 그중에서 문옥주 할머니의 이야기는 일본인 모리카와 마치코에 의해 『버마 전선의 위안부 문옥주』라는 증언집으로 만들어졌고, 심달연 할머니의 이야기는 작가 권윤덕에 의해 『꽃할머니』라는 그림책으로 만들어져 중국과 일본에 발간되었다. 시민모임의 활동은 그분들의 증언을 역사적 실체로서 자리매김하게 하고, 세계평화를 위한 시민연대로써 일본군 '위안부' 해결 운동을 확장하고 있다.

이처럼 대구에는 일본군 '위안부' 해결 운동에 앞장서 온 시민모임과 희움 역사관이 있다. 그리고 이용수 할머니가 계신다. 할머니는 몇 달 전에 대구지역의 유일한 일본군 '위안부' 생존자가 되셨다. 할머니가 제기한 문제로 논쟁이 한창인 이때, 김숨의 소설 『한 명』(2016)을 떠올려본다. "생존해 계시는 일본군 위안부 피해자가 단 한 분뿐인 그 어느 날"을 시간적 배경으로 하는 이 소설은, 일본군 '위안부' 피해자라는 사실을 숨긴 채 70여 년을 살아 온 주인공이 자신의 이름과 존재를 확인하는 과정을 담고 있다. 작가는 주인공이 일상에서 마주치는 70여 년 전 기억들이 실제 사건임을 강조하기 위해, 정대협 등에서 발간한 증언록과 방송·신문 등에서 발췌한 증언 316개를 소설에 직접 인용하고 미주 형식으로 증언자를 표기했다.

증언은 개인이 사회적 집단으로서 기억한다는 점에서 집합기억이지만, 개별적 증인에 의한 증언이라는 점에서 복수(複數)적 성격을 띤다. 『한 명』은 증언의 특성을 전면화함으로써 "신빙성이 없다고, 앞뒤가 맞지 않는다고 비난하는 이들"에게 토막 나고 뒤섞인 기억들에 대해 이야기하고 있다. 김숨은 "그 증언이 없었다면 나는 이 소설을 쓰지 못했을 것"이라고 고백했다. 마찬가지로 자신이 일본군 '위안부'였음을 증언한 그분들이 없었다면 오늘날 일본군 '위안부' 해결 운동 또한 여기까지 오지 못했을 것이다. 그런데 그 '증언'은 30년간 묵묵히 할머니들과 함께한 이름 없는 활동가와 연구자, 증언을 지지하고 함께 연대해 온 시민들이 없었다면 공론화되지 못했을 것이다. '위안부' 피해자와 특정 단체(혹은 대표)가 해결 운동을 주도한 것은 사실이지만, 그들에게 공감하고 지지한 수많은 시민과 국내외 양심적 지식인들이 있었기에 가능했다.

일본군 '위안부' 문제가 전세계적 지지와 공감을 이끌어 낼 수 있었던 것은 개별 국가를 넘어선 보편적 인권의 문제이기 때문이다. 따라서 일본군 '위안부' 문제를 반일/친일의 프레임으로 접근해서는 안 된다. 무엇보다도, 이번에 제기된 문제(국회의원 윤미향의 기부금 횡령 의혹에서 제기된 정대협 및 정의연 관련 논란)로 인해 30년간 일본군 '위안부' 해결 운동의 의미가 왜곡되는 일은 없어야 할 것이다. 지금이야말로, 진상을 규명하고 잘못을 바로잡아 일본군 '위안부' 해결 운동의 '희움'을 실천할 때이다.

배지연_2020. 5. 21.

대구역전에서

조악한 삶에서 건져 올린 작은 위안

오월도 끝을 향해 가는 요즘, 어디론가 떠나고 싶은 마음이 간절하다. 이럴 때 떠올려지는 것이 기차역이다. 기차역을 오가는 많은 사람들의 사연이 제각각이듯, 기차는 그러한 다양한 삶의 모습들과 사연들을 싣고 오간다. 문학이라는 것이 매우 다양한 인생들의 흔적들을 담아 이 삶과 저 삶을 옮겨 다닌다는 점에서, 기차나 기차역은 문학의 메타포로도 볼 수 있을 것이다.

우리 근·현대소설에는 기차나 기차역을 매개로 다양한 서사를 전개하는 장면이 많다. 이광수의 『무정』에는 주인공 형식이 기차를 보며 '근대'라는 새로운 감각을 얻고, 염상섭의 『만세전』에는 식민지 조선을 살아가는 비루한 현실이 경부선 기차 위에 놓여 있다. 특히 대구 출신의 현진건이 쓴 「고향」은 대구 인근에 살던 주인공이 동양척식회사에 땅을 빼앗기고 만주와 일본 등지를 떠돌며 겪은 수난사를 재현하고 있다. 부랑자처럼 방황하는 주인공에게서 '조선의 얼굴'을 발견한 화자(話者)는 바로 대구역에서 경부선 열차에 올랐다. 당시 대구역은 근대 도시 대구의 중심지로서 일본인들의 근대 상권이 발달한 곳이며, 대구역을 중심으로 한 상권의 형성은 해방 이후에도 지속되었다.

이러한 대구역을 소설에 담은 작가들이 있다. 대표적으로 김원일은 자전적 소설인 『마당 깊은 집』(1988)을 쓰면서 주인공 길남의 주요 활동지로 대구역을 그려 놓았다. 『마당 깊은 집』은 6·25 전쟁통에 아버지를 잃은 주인공이 '애비 없는 집의 가장' 역할을 하는 소년의 성장을 다룬 소설이다. 소년 길남의 눈을 통해 그려지는 전후의 생활상, 특히 대구를 중심으로 재현되는 다양한 삶의 모습들을 이 소설은 보여 주고 있다. 신문배달을 하는 길남의 배달지역이 '중앙통 일대, 송죽극장 주위 다방, 양키시장, 대구역' 등인데, 그중에서 대구역은 지친 길남이 소일하며 시간을 보내는 장소다. 교복을 입은 같은 또래를 볼 때마다 자신의 처지를 한탄하던 길남은 대구역전에서 구걸하는 거지와 실업자들을 보며 적잖은 위안을 받고 집으로 돌아오곤 했다.

소설의 배경이 된 1954년 무렵, 전쟁으로 삶의 터전을 잃은 많은 사람들이 다시 일어서기 위해 몸부림치고 있었다. 『마당 깊은 집』에서 대구역은 그러한 인생들의 모습을 단적으로 보여 준다. 휴전 직후에도 학교는 열렸고 많은 학생들이 학교에서 일상을 보냈지만, 그러한 일상으로 돌아갈 수 없는 길남과 같은 가난한 사람들도 무척이나 많았다. 소년 길남에게 대구역은 조악한 삶의 현장을 목도하는 장소이자 동시에 그들의 삶에서 위안을 얻는 장소였다. 엄했던 어머니에게 혼이 난 길남이 가출해서 찾은 곳도 대구역 대합실이었다. 갈 곳 없는 사람들에게 바람막이 벽이라도 제공하고, 웅크리고 잠을 청할 나무의자라도 있는 기차역 대합실. 옆 사람의 체온을 느끼며, 막막하더라도 살아갈 용기를 조심스럽게 품을 수 있는 곳, 그곳이 길남의 대구역이었다.

이제 대구역은 더 이상 대구의 중심 역사(驛舍)는 아니다. 동대구역에 밀려났지만, 대구역은 여전히 삶에 지친 영혼들이 치열하게 살아가는 삶의 현장이다. 번개가 치듯 잠깐 열렸다 파하는 새벽시장 상인, 대구 근교로 출퇴근하는 직장인들이 오가는 대구역에는 삶에 지칠 법한 고단한 그들의 활기가 넘쳐난다. 부지런히 몸을 놀리며 자신에게 주어진 삶을 씩씩하게 살아가는 그들에게서 백년이 넘어 이어 온 대구역의 역사가 느껴진다. 조악한 삶 속에서 아주 작은 위안을 건져 올리던 길남의 대구역. 또 누군가는 이곳에서 삶의 위로와 생기를 얻어 가길 바란다.

배지연_2021. 5. 27.

경주에 가거든

동리목월문학관과 불국사 답사기

경주 시내에 벚꽃이 비처럼 흩날리던 지난주, 대구 지역 공무원들과 경주로 인문학 기행을 다녀왔다. 동리목월문학관이 위치한 토함산 자락을 향하던 길에 눈부신 꽃잎들 사이로 봄을 만났다. 3년 만에 비로소 마주한 봄날, 일행은 동리목월문학관과 불국사를 탐방하며 오전 일정을 마무리했다.

천년 고도(古都) 경주는 역사와 문화는 물론 우리 문학의 토대가 된 보석 같은 도시이다. 이러한 경주에 매료된 문인들은 그에 관한 글을 남기기도 했다. 무엇보다도 경주에서 나고 자란 동리와 목월에게 경주는 삶과 문학의 모태이자 영감을 불어넣는 주요한 문학 공간이었다. 동리의 경우 초기 소설 「화랑의 후예」와 「무녀도」를 비롯해 만년의 자전소설 「만자동경」, 「우물 속의 얼굴」에 이르기까지, 경주는 동리 소설의 근원으로서 자리 잡고 있다. 목월에게도 경주는 그렇다. 목월의 시 「청노루」나 「윤사월」 등에는 고향의 정서가 짙게 배어 있다. 송홧가루 날리는 외딴 봉우리, 꾀꼬리 울던 고향 마을을 떠올리며 "윤사월 해 길다."라던 목월. 그에게 시적 영감을 불러일으켰던 고향 경주에는 지금도 목월의 시비(詩碑)가 곳곳에 세워져 있다.

이처럼 경주가 낳은 두 작가의 문학적 위업을 기념하기 위해 건립된 곳이 동리목월문학관이다. 특히 동리와 목월의 문학적 자취를 보다 생생하게 살펴보길 원한다면 그들의 생가를 비롯해 「무녀도」의 배경이 되는 예기소와 금장대를 답사하면 좋다. 동리목월문학관 입구에서 머지않은 곳에 있는 불국사도 동리와 목월을 비롯하여 많은 근대문인들의 흔적을 살펴볼 수 있는 곳이다. 대표적인 수학여행 코스였던 불국사는 근대 문인들이 즐겨 찾던 여행지이기도 했다. 목월을 비롯한 많은 문인들이 문학적 소재로 삼았던 불국사에서 그들의 정취를 느껴 볼 수 있을 것이다.

"흰 달빛 / 자하문 / 달 안개 / 물소리"로 시작하는 목월의 「불국사」는 체언만으로 불국사의 아름다움을 표현한 절창이다. 이 짧은 시는 불국토의 이상을 현실 세계에 실현한 불국사의 신비와 가을밤의 그윽한 분위기가 절묘하게 뒤섞임으로써 시각과 청각적 이미지의 교감을 느낄 수 있게 한다. 목월은 또 시 「청운교」에서 "층층다리를" 밟고 오르며 "서라벌의 빛나는 궁창(穹蒼)"과 "칠색(七色) 가람의 우람한 광망(光芒)"을 노래하는 등 불국사의 아름다움을 시적으로 형상화했다. 청운교 계단을 예찬한 것은 목월만은 아니었다. 소설가 이태준은 고운 치맛자락이 쓰다듬듯 오르내렸던 "신라 사람들이 밟던 층계"를 상상하기도 했다.

목월의 시, 태준의 산문, 그리고 불국사에 담긴 『삼국유사』의 이야기들로 함께 한 이날 불국사 답사는 꽃비 내리는 봄날의 햇살과 함께 기억될 것 같다. 하지만 불국사를 둘러보고 나오는 길에 공무원 한 분이 이런 말씀을 하셨다. 경주가 가진 무궁무진한 콘텐츠에 비해 정작 갈 만한 곳이 없어서 아쉽다고. 그분의 말씀에 동의하지 않을 수 없다.

안타깝게도 경주는 몇몇 유적지나 보문단지와 같은 명소를 제외하고는 소위 '핫플'이나 '맛집' 등으로만 기억되고 있다. 이날 함께했던 불국사에서의 기억처럼, 천년 고도 경주에 담긴 오래된 이야기들에 지금 여기의 이야기들, 꿈과 기억들이 멋지게 엮일 수 있다면 경주의 천년은 '오래된 미래'로 우리 곁에서 오랫동안 함께할 것이다. 경주에 가신다면, 경주에 담긴 오래된 이야기들에 귀를 열어 두고 그들이 들려주는 길을 따라 한번 가 보시길 권한다.

배지연_2022. 4. 14.

'헐렁한 수다'로 함께 걸어 본 안동

지난 5월, 안동으로 특별한 여행을 다녀왔다. 지역 인문학 단체인 대구경북인문학협동조합(2014년 창립)에서는 매년 지역 인문학 총서 『인문학자들의 헐렁한 수다』를 출간해 왔는데, 올봄에 간행된 『헐렁한 수다-안동편』의 출판을 기념하는 일종의 답사 여행이었다. 50여 명이 참가한 이번 여행은 저자들과 함께 이틀 동안 권정생 생가, 임청각, 백담 구봉령 종택, 264 와이너리, 도산서원, 봉정사와 하회마을 등 안동에 담긴 '인문'의 흔적을 따라 걸으며 저마다의 삶을 나누는 형식으로 진행되었다.

여행은 안동시 일직면에 있는 권정생 생가에서 시작됐다. 우리 칼럼에서 여러 번 다뤘던 권정생은 『강아지똥』 등 많은 문학작품을 통해 외로움과 슬픔을 지닌 이들과 공감하는 글쓰기를 해 왔다. 타인의 슬픔을 오롯이 품어 안았던 권정생의 글에서 살아갈 힘을 얻은 이들은 자신만의 꽃을 피워 냈으리라. 그런 점에서 권정생이 오랫동안 기거했던 일직면의 조탑마을은 '세상의 슬픔들이 꽃이 되는 곳'이라 불릴 만하다.

임청각으로 대표되는 고성 이씨 석주 가문은 3대째 9명의 독립운동가를 배출한 항일명문가이다. 퇴계의 경(敬) 사상과 학풍을 삶으로 실천한 석주 가문은 한국의 '노블레스 오블리주'를 대표한다. 백담 구봉령 종택에서는 불천위 제사를 지내며 전통의 맥을 이어가는 안동의 종가 문화를 체험했다. 일행을 극진하게 환대하는 종손 내외를 보며 스스로는 엄격하지만 타인에게 베풀고 나누는 종가의 문화가 새로운 문화자산이 될 수 있음을 확인했다.

유교 사상과 선비문화의 본원을 찾아 도산면으로 향하는 길에서 한국을 대표하는 두 문인과 마주한다. 도산서원으로 가는 돌담길을 걸으며 안동을 '추로지향(鄒魯之鄕)'이라 일컬었던 퇴계를 만났고, 그 후손인 육사의 시에서 영감을 얻어 만든 청포도 와인 '광야', '절정', '꽃'을 맛보며 그들이 꿈꿨던 세상을 상상해 보았다. 이날 안동에서 만난 이들의 삶터는 자신이 배우고 지향했던 바를 '앎'으로 그치지 않고 '삶'으로 행한 자들의 흔적을 고스란히 담고 있었다.

이튿날 오전에 찾은 봉정사는 유네스코 세계유산으로 등재된 산사로, 소박하고 고즈넉한 산사의 정취를 맘껏 누릴 수 있는 곳이다. 국내에서 가장 오래된 목조건물인 극락전을 보고 대웅전을 지나 요사채 한 곁으로 난 문을 나서면 녹음에 물든 돌계단을 마주하게 되는데, 그 계단을 오르면 봉정사의 숨은 보물 영산암이 있다. 석가모니가 영취산에서 법화경을 설법할 때 꽃비가 내렸다는 전설을 담은 '우화루'를 지나 '응진전' 앞에서 시인 안상학이 "간밤 비가 내렸던가 / 만발한 나무 백일홍 아래 용을 닮은 솔가지에도 / 스님의 발자국에도 낙화 다시 붉게 피어있다"고 노래한 영산암.

권정생 선생과의 인연으로 권정생어린이문화재단 사무처장을 맡기도 했던 시인 안상학은 천등산자락의 봉정사를 좋아했다. 그의 또 다른

시 「봉정사」에는 겨울의 봉정사가 담겨 있다. 세상에 움직이는 것이라곤 진눈깨비밖에 없던 겨울 봉정사에서 화자는 "다시 세상으로 나가는 길"을 발견하고 있다. 오월의 봉정사 마당을 함께 거닐던 일행들도 저마다 세상으로 나가는 길을 찾는다. 탈놀이판에서 현실의 고단함을 신명나게 날려버렸던 하회의 탈꾼들처럼, 헐렁한 수다를 떨며 안동 곳곳을 함께 거닐었던 이들도 저마다의 목소리로 세상으로 나선다. 지역 소멸을 걱정하는 이 시대, 다양한 방식으로 지역을 이야기하는 목소리들이 필요하기에 우리들의 수다는 계속된다.

배지연_2022. 6. 30.

제4부

04 디지털 시대 한국 문화와 문학의 세계화

문화 도시 대구를 꿈꾸며

지방선거가 며칠 앞으로 다가왔다. 그런데 이번 지방선거를 앞두고는 스포츠 뉴스에나 나오던 대구FC 기사가 정치 뉴스에서 이슈화되고 있다. 홍준표 대구시장 후보가 시민구단은 기업구단으로 전환해야 한다고 발언한 이후부터이다. 자치 단체 예산으로 축구팀을 운영해야 하느냐에 대한 고민은 대구만의 문제는 아니다. 그러나 지역의 축구단은 지역의 문화이기에, 이를 단순히 축구단 운영이라는 산술적 관점에서만 볼 수는 없다. 그래서 문화의 관점에서 대구라는 도시를 진단해 보고자 한다.

요한 하위징아는 『호모 루덴스』라는 책에서 '놀이하는 인간' 개념을 내세운다. 이 개념은 놀이의 관점에서 인간의 창의적 활동을 설명하면서, 인간에게 놀이로서의 문화가 얼마나 중요한지를 보여 준다. 이러한 인간의 특성은 도시라는 공간과 긴밀하게 연결된다. 성공하는 도시는 문화, 즉 즐기고 놀 거리가 중요하기 때문이다. 이에 대해서는 하버드대 에드워드 글레이저 교수의 『도시의 승리』를 참고할 만하다. 그에 따르면 도시는 혁신의 출발이며, 도시가 발전하기 위해서는 사람이 모여야 한다. 그런데 다양한 즐길 거리와 놀 거리가 있는 도시에 사람이 모이기에, 사람을 모으려면 문화가 필요하다.

에드워드 글레이저 교수가 말하는 성공한 도시들처럼 대구에도 다양한 문화를 즐길 수 있고, 그 문화가 산업의 차원에서 발전하면 더할 나위 없이 좋을 것이다. 그러나 문제는 문화에 투자할 만한 주체가 대구에 존재하는가 하는 점이다. 산업적인 측면에서 볼 때 문화는 그 속성상 성공을 예측하기 어렵다. 그러니 문화를 산업적인 측면에서 접근하면 위험부담이 클 수밖에 없다. 국가나 지방자치단체가 순수예술을 지원하는 이유도 비슷한 맥락에서 이해할 수 있다. 소위 순수예술은 대중성이 낮아 산업으로서 경제적인 파급력을 기대하기 어렵기 때문이다.

따라서 문화를 산업적인 제품의 관점에서 볼 수만은 없다. 작가 한강이 『채식주의자』로 맨부커상을 받았을 때, 그 수상이 수익을 창출하기 때문에 관심을 가졌던 것은 아니다. 봉준호가 <기생충>으로 아카데미상을 수상했을 때도 마찬가지다. 오히려 경제적인 효과는 이후에 나타난다. 수상에 대한 관심과 환호는 한국문학이나 한국영화가 세계적으로 얼마나 인정을 받고 있는가 하는 가치 평가에 기인한다. 우리가 수준 높은 문화를 향유하고 있다는 세계적인 승인이 한류라는 이름의 자부심으로 돌아오기 때문이다. 그러나 이러한 성과가 한순간에 이루어지지는 않는다. 다양한 문화예술 활동이 가능하고 누군가 그것을 향유할 수 있을 때, 문화 발전이 가능하기 때문이다.

최근 대구FC의 축구를 보기 위해 대구의 학교로 진학했다느니, 가능하면 대구에 취업하고 싶다느니 하는 학생을 만나는 경우가 있다. 아직 소수일지 모르지만, 대구FC가 누군가에게 즐거운 문화라는 방증이다. 지역에서 안정적으로 축구단을 운영할 수 있는 주체가 없다면, 협찬을 통해 시가 나서서 시민이 향유할 수 있는 문화를 지키는 일도 중요하다. 그것은 단순히 시 예산 편성에 따른 산술적 계산의 문제가 아니라, 대구라는 지명을 통해 활력과 자부심을 불어넣는 일이기 때문이다. 이미 대구시는 다양한 문화예술 활동을 지원하고 있다. 문화예술 지원이 단순한 생색내기가 아니라면, 성공한 도시 대구를 만들기 위해서는 지원에 대한 점검과 함께 문화에 대한 다양한 고민이 필요하다. 위축된 지역 분위기를 돌파하기 위해서라도 문화 발전의 토대를 만들 자치 단체의 노력이 중요해 보인다.

이승현_2022. 5. 26.

OTT 서비스와 한국 콘텐츠의 힘

최근 한국 콘텐츠의 세계적인 위상이 예사롭지 않다. 싸이나 BTS로 대표되는 음악 장르의 파급력도 상상을 초월하지만, <기생충>, <미나리>, <킹덤>, <오징어 게임>, <파친코> 등 영화나 드라마의 영향력도 그에 못지않다. 이처럼 한국 영상 콘텐츠가 세계적으로 인정받을 수 있게 된 원인에는 한국 영상 콘텐츠에 대한 접근의 용이성이 큰 역할을 했다고 할 수 있다. 잘 아는 바와 같이 넷플릭스로 대표되는 OTT 서비스가 한국에 정착하는 동시에, 한국 영상 콘텐츠를 세계로 내보내는 역할을 하면서 나타난 현상이다.

많이 알려졌지만, 넷플릭스가 한국에 공식적으로 서비스를 시작한 시점은 2016년 1월이다. 처음부터 넷플릭스가 한국에서 OTT 서비스의 대명사로 통한 것은 아니다. 한국에서 넷플릭스가 서비스한다는 소식이 알려졌을 때 호기심을 가지는 이들이 있기는 했지만, 대체로 시장은 시큰둥한 반응을 보였다. 앱 실행이 가능한 스마트 TV가 아니라면 넷플릭스를 텔레비전을 통해 볼 수 없었을 뿐만 아니라, 한국은 비싼 요금을 내고 텔레비전을 시청해야 하는 미국의 사정과는 다소 차이가 있었다. 초기에 넷플릭스가 한국에서 성공할 수 없었던 이유는 한국이라는 지역에 맞게 현지화하지 못했기 때문이었다. 넷플릭스는 영화 <옥자>를 서비스한 2017년 6월 이후 한국에서 성공을 거두었다. 이미 <설국열차>로 세계적인 명성을 얻은 봉준호 감독의 영화였기에 그 파급력은 대단했다. <옥자>를 서비스한 이후 넷플릭스 한국 가입자는 2배 정도 증가했다.

넷플릭스의 이러한 성공 공식은 이후 다른 OTT 서비스에도 적용되고 있다. 디즈니플러스는 2021년 11월 12일 한국에서 서비스를 시작했다. 넷플릭스와 달리 디즈니플러스는 스타워즈 시리즈와 마블 시리즈 그리고 디즈니와 픽사의 다양한 애니메이션 등으로 세계적인 인지도와 많은 팬을 가지고 있었다. 거기다 출시 시점이 코로나 팬데믹 상황이라 OTT 서비스에 대한 이용도도 높아진 상황이었다. 그런데도 디즈니플러스는 출시를 발표하는 자리에서 한국 콘텐츠에 대한 투자 의지를 밝혔으며, <너와 나의 경찰수업>, <그리드> 등 한국 콘텐츠를 서비스하기도 했다. 2021년 11월 한국에 진출한 Apple TV+의 전략도 크게 다르지 않다. 처음 김지운 감독의 <Dr. 브레인>을 내세웠는가 하면, 이후에는 <파친코>를 통해 현지화와 세계화를 모두 겨냥하기도 했다. 2022년 6월 16일 한국에 진출한 파라마운트+는 더욱 적극적인 모양새다. 한국 OTT 서비스 티빙과 제휴하며 이준익 감독의 드라마 <욘더> 제작도 발표했다.

동영상 공유 플랫폼의 대명사는 단연코 유튜브라고 하겠다. 지금은 유튜브 프리미엄이라는 서비스가 생겨 결제도 가능한 플랫폼이 되었지만, 그 시작은 누구나 영상을 제작하고 누구나 영상을 즐길 수 있는 공유 플랫폼이었다. 그에 비해 넷플릭스나 디즈니플러스 등의 OTT 서비스는 접근 방식이 다르다. 기존의 영화나 드라마와 같이 시청자가 기꺼이 결제하고 즐길 수 있을 정도로 수준이 높은 영상 콘텐츠가 필요한 서비스이다. 따라서 영상 콘텐츠를 제공하는 OTT 서비스가 특정 국가나 문화권에 제대로 정착하기는 쉬운 일이 아니다. 나아가 특정 국가나 문화권에서 시청자를 확보했다고 해도, 특정 국가나 문화권에서 볼만한 영상 콘텐츠를 다른 국가나 문화권에 동시에 서비스하는 일은 더욱 어렵다. 한국 영상 콘텐츠의 힘은 이러한 과정을 모두 가능하게 했다는 점에 있다. 즉, 한국 콘텐츠가 글로벌 OTT 서비스의 지역화와 세계화에 큰 역할을 하는 셈이다.

이승현_2022. 8. 4.

우수한 콘텐츠 창작을 위한 전제

필자는 지난 글에서 OTT 서비스와 한국의 영상 콘텐츠가 가지는 상관성에 관해 이야기한 바 있다. 결국 많은 OTT 서비스가 한국 콘텐츠를 제공하는 이유는 한국 콘텐츠의 저력 때문이라고 지적했다. 그런데 왜 세계적으로 OTT 서비스가 영향력을 갖춘 후에야 한국 콘텐츠의 위상이 높아졌는가 하는 점은 의문스럽다. 물론 한국의 영상 콘텐츠 자체가 가진 저력이 있었기에, OTT 서비스가 확대되면서 그 영향력을 더 발휘할 수 있었다고 하겠다. 그러나 분명 넷플릭스로 대표되는 OTT 서비스를 통해 한국의 영상 콘텐츠가 성공 신화를 쓰게 된 것도 사실이다. 따라서 한국의 영상 콘텐츠가 OTT 서비스와 만날 수밖에 없었던 상황을 살필 필요가 있다. 어떤 의미에서 이러한 상황에 대한 이해가 우수한 콘텐츠를 만들기 위해 꼭 필요한 전제가 될 수도 있기 때문이다.

OTT 서비스 넷플릭스와 한국 영상 콘텐츠의 인연을 이어 준 작품은 역시 봉준호 감독의 <옥자>라고 할 수 있다. 사실 <옥자>는 전통적인 방식의 극장 개봉이 아니라 온라인 스트리밍 서비스를 통해 영화를 개봉하면서, 프랑스극장협회나 국내 멀티플렉스로부터 따가운 시선을 받기도 했다. 그렇지만 한편으로 왜 봉준호 감독이 극장 개봉에서 벗어나

과감한 선택을 할 수밖에 없었는지에 대한 고민이 엿보이기도 한다. 봉준호는 <옥자> 제작에 필요한 560억 원 전부를 넷플릭스로부터 지원받았다. 넷플릭스는 <옥자> 제작을 지원하면서 봉준호 감독에게 스트리밍 서비스에 맞게 디지털카메라로 촬영해 달라는 한 가지 조건만 내걸었다고 한다. 봉준호 감독도 여러 매체에서 비슷한 내용의 인터뷰를 한 바가 있다. 그에 따르면 서사가 독창적이면서도 과감해서 많은 영화사가 망설였지만, 넷플릭스는 감독 봉준호가 원하는 대로 영화를 촬영할 수 있도록 지원했다는 것이다.

넷플릭스를 통해 가장 성공한 한국 콘텐츠는 역시 <오징어 게임>이 아닐까 한다. <오징어 게임>이 세계적으로 인기를 얻으면서, 넷플릭스와 제작사 간의 수익 배분에 관한 문제가 불거지기도 했다. 이 문제는 정치권에서마저 쟁점이 되었는데, <오징어 게임>의 모든 지식재산권을 넷플릭스가 가지고 가면서 수익 배분이 공정하게 이루어지지 않았다는 주장이 제기되었다. 이러한 주장은 한편으로 정당한 문제 제기라고 할 수 있다. 넷플릭스 내부에서도 <오징어 게임>의 가치를 약 1조 원으로 평가한다는 보도가 있었을 정도다. 그에 비해 <오징어 게임>의 제작을 맡은 국내 제작사는 20~50억 정도의 수익을 얻었을 뿐, 추가 수익 배분을 전혀 받을 수 없는 상황이라고 알려졌기 때문이다. 그러나 2008년부터 <오징어 게임>을 준비한 황동혁 감독의 입장은 수익 문제와는 다를 수도 있다. 오랜 시간 제작사를 찾지 못해 만들 수 없었던 작품을 넷플릭스의 투자를 받아 완성할 수 있었기 때문이다.

위의 사례들을 보면, 넷플릭스의 투자는 장단점이 뚜렷하다고 할 수 있다. 그럼에도 감독이나 제작사 입장에서 넷플릭스의 투자를 선호하는 것은 국내 상황이 더 나쁘다는 방증일지 모른다. 산업적인 면에서 콘텐츠 제작은 위험 요소가 많기에, 투자는 위험 요소를 줄이는 데 집중한다. 그래서 많은 콘텐츠가 감독이나 연출자의 의도와 다른 방식으로 제작되기 일쑤다. 만약 넷플릭스라는 OTT 서비스가 아니었다면, <옥자>나 <오징어 게임>이 지금과 같은 모습으로 세상에 나올 수 있었을까. 어쩌면 우수한 영상 콘텐츠를 계속 만들기 위한 답은 간단할지도 모른다. 창작자가 자유롭게 작품을 만들 수 있는 여건만 주어진다면, 한국의 영상 콘텐츠는 언제나 훌륭한 결과물을 내지 않을까 한다. 그래서 국내에서 이루어지는 콘텐츠 투자의 실상이나 제작 환경에 대한 고민이 필요한 시점이다.

이승현_2022. 10. 20.

동서양 문학가들의 유리 구두

유리 구두를 신고 있으면 눈부신 주인공이 되어 뭔가 좋은 일이 일어날 것 같다는 느낌이 들 것이다. 이는 신데렐라의 이야기다. 신데렐라 유형의 대표적인 설화는 한국의 '콩쥐팥쥐'다. 주인공을 학대하는 계모와 이복 자매, 동물들의 신비스러운 구원 행위와 배우자의 구애 행위 등을 모두 갖고 있다. 콩쥐는 아버지의 보호를 받지 못해 계모 배 씨로부터 온갖 학대를 받는다. 만약 그녀가 신발을 떨어트렸다가 되찾지 못했다면 순조롭게 잘 결혼하지 못했을 것이다. 콩쥐는 좋은 남편을 만나 잠시 행복해졌다. 그러나 시기심이 강한 이복 자매인 팥쥐는 몰래 콩쥐를 죽이고 자신을 콩쥐로 위장해서 콩쥐의 남편과 생활한다. 이러한 상황에서 기사회생이라는 신비스러운 설정이 없었다면 콩쥐는 권선징악의 주체로서 복수를 완성해서 다시 남편과 행복하게 살지 못했을 것이다. 문학 작품 속 신비스러운 존재의 도움과 현실적인 발의 장신구인 신발이라는 두 가지 요소는 누구에게도 희망의 상징이 되는 것이라 할 수 있다.

흥미롭게도 다른 아시아 나라에서 '콩쥐팥쥐'와 같은 신데렐라 유형의 이야기를 찾아볼 수 있다. 예를 들어 인도의 '공주를 위한 발찌(Anklet for a Princes)', 베트남의 '떰 깜', 중국의 '섭한(葉限)'과 '따지아와

따룬(達稼和達侖)'이다. 이들은 공통적으로 화려하고 빛나는 황금 발찌나 꽃신이나 금색 신발을 다루었다. 그리고 각 민족 문화에 맞게 신비로운 존재에 대해서 뱀신, 부처님, 신선, 죽은 어머니의 화신 등으로 재현했다. 이것은 신데렐라 유형의 이야기들이 권선징악을 추구하는 옛날 사람들에게 잘 먹힌 마법의 이야기였으며, 누구든지 곤경에서 벗어나 빛나는 신발의 주인이 되었으면 한다는 환상이 존재했음을 말해 준다.

혼인 대사의 주제를 제치고, 빛나는 발의 장신구인 구두나 발찌와 그의 주인에 대해 고민해 보자. 이 두 가지에 대해 잘 알려면 신데렐라 유형의 이야기를 최초로 쓴 사람과 그가 모델로 삼는 인물이 누구인지를 확인해야 할 것이다. 그러나 고대 시기의 설화 이야기에 대해서는 정확하게 저자의 신분을 알아내지 못해 어느 버전이 원형인지를 알기가 어렵다. 이와 달리 과학기술과 정보망이 발달한 오늘날에는 문학가들이 각자 독특한 방식으로 세상 사람들이 관심을 가질 만한 주제에 대해 작품화·상품화하면서 자신의 가치를 돋보이려 한다. 현대인이기 때문에 저자의 신분을 밝히기가 쉽고, 그 저자는 만약 남의 작품과 여러 지점에서 매우 유사한 이야기를 내세우게 되면 자기만의 작품이라 말하기가 어려울 것이다. 심지어 많은 부분에서 남과 같은 방식으로 설정해 버린다면 표절·모작·위작 등의 우려를 일으킬 수 있다. 만약 작가가 세상에 하나밖에 없는 구두를 장착해서, 하나밖에 없는 작품을 보여 준다는 꿈을 꾸는 사람이라면 어떻게 자신만의 구두를 찾아서 보여 줄지의 문제가 중요할 것이다.

남의 구두를 빼앗아서 신는다면 처벌을 받는 신데렐라의 계모와 이복자매와 같은 결말을 맞이하게 될 수 있다. 2015년 개봉된 프랑스 영화인

<완벽한 거짓말(Un homme ideal)>에서 한 무명작가가 남의 구두를 빼앗아 잠시 성공의 맛을 보았으나 마지막에는 자기만의 구두를 찾지 못해 파멸을 맞이했다는 교훈을 시사해 주고 있다. 가령 그 영화의 주인공이 상대방의 구두를 신을 때 존중의 마음으로 미리 출처를 밝혔다면 그는 빛나고 행복한 결말을 맞이하는 신데렐라처럼 되지는 못한다 하더라도 계모와 이복 동생과 같은 처지까지는 전락하지 않았을 것이다.

칸 앞잘 아흐메드_2022. 2. 3.

글로벌 시대, 한국 어문학의 손오공

한국의 어문학 자료는 한류 문화의 기반이다. 훌륭한 소설과 희곡이 없었다면 재미있는 한국 드라마와 영화도 없었을 것이다. 그리고 글로벌 시대의 한국 어문학 자료를 이야기하면 범아시아적인 문학을 빼놓을 수 없다. 대표적인 예로 『서유기』가 있다. 전후 작가 최인훈은 반독재 성격의 『서유기』라는 장편소설을 쓴 바 있다. 그리고 2017년 말에 나온 악귀들의 권선징악 이야기를 다룬 tvN 드라마인 <화유기>도 있다.

왜 『서유기』가 글로벌적일 수 있고 범아시아적일 수 있을까? 아마도 손오공이라는 캐릭터 때문일 것이다. 손오공은 인간보다 더 강하면서도 인간을 존중한다. 그의 중요한 업적은 삼장(三藏) 법사 일행을 수호해 서천(西天)의 불법을 습득하게 도와주었다는 데에 있다. 그러나 손오공의 원형은 인도의 대서사시 「라마야나」의 하누만(Hanuman) 신에 있다. 실제로 하누만은 인도에서 절대적인 힘을 가진 신의 존재이다. 즉 문학 속의 하누만은 종교 지상주의적인 인도에서 외국인인 손오공처럼 인간에게 학습을 돕는 인물이 아닌 것이다.

한국인에게도 외국인 손오공이 있을까? 8세기의 한국인 혜초 스님이 중국의 현장(玄奘) 법사와 다르게 문학적으로 재현된 바 없는 듯하다. 그러나 현실적으로 혜초 스님은 한국인으로서 자신의 인도 기행을 『왕오천축국전』으로 저술했다는 사실이 일제강점기 일본인 연구자들에 의해 밝혀졌다. 한국인 스님이 일찍이 위대한 문헌을 남겼다는 사실을 발굴했다는 점에서 그 일본인 연구자들은 혜초 스님의 외국인 손오공으로 간주될 여지가 있다.

식민지 시기 당시 혜초 스님을 연구하며 한국에 보물을 가져다주는 손오공도 있었다. 그는 오타니 고즈이(大谷光瑞)이다. 한국인에게는 물론이며 많은 일본인들에게까지 잘 알려지지 않은 고고학 학자였다. 그는 당시 일본 천황과 긴밀한 관계를 유지하며 조선에 거주했고, 세계 각지에서 유명한 사람들과 만나 유람하며 수집한 보물들을 자기의 집으로 가져와 소장했다. 비슷한 사례로 타국의 보물들을 소장해 온 대영박물관이 있다. 오타니 고즈이가 조선에 남기고 간 보물들은 현재의 서울 국립박물관에서 적지 않게 보존되고 있다. 일단, 박물관은 훌륭한 학습의 공간인 만큼 오타니 고즈이의 행위는 글로벌 시대의 관점에서 손오공적일 수 있다.

원숭이 인물 말고는, 한국의 고전 작품 『삼국유사』에 당나귀의 귀를 가진 인물이 나온다. 그는 신라의 경덕왕이다. 그리스의 미다스 왕도, 아나톨리아의 왕도 당나귀의 귀를 갖고 있었다. 어쩌면 당나귀의 귀를 가진 왕들이 손오공처럼 범세계적인 역할을 하고 있었을지도 모른다.

동물의 얼굴을 하는 수호신 인물로는 인도 시바 신의 수호자인 난디가 있다. 난디는 소의 얼굴을 가지고 있다. 공교롭게도 중국에 같은 소 얼굴을 한 옌디(炎帝)인 신농씨(神農氏)가 있다. 만약 옌디가 황디(黃帝)로 인해 중국을 떠나 인도로 가게 되어 난디가 되었을 가능성이 있다면 그는 곧 인도에 들어온 손오공으로 인식될 수 있을 것이다.

이러한 의미에서 한국 어문학을 연구하는 외국인들은 한국의 손오공일 것이다. 특히 자국을 떠나 한국에 와서 한국 어문학을 연구하는 외국인들은 가치를 수호했다는 점에서 손오공이다. 손오공을 통해 알 수 있듯 더 나은 자신을 만들기 위해서 외부 문화의 장점을 알아볼 줄 알고 가치를 찾아낼 줄 안다는 것이 연구자의 바람직한 태도이다. 단일화나 쇄국적인 태도가 건전하지 않은 만큼 외국인과 내국인이 각자 어떻게 한국 글로벌 시대의 손오공이 될 수 있을지에 대해 고민할 필요가 있다.

칸 앞잘 아흐메드_2022. 9. 22.

서양과 구별되는 한국의 부처(菩薩) 문학

부처님 오신 날이 다가오고 있다. 부처는 명예, 권력, 돈을 좇는 인생보다 어떻게 지혜를 활용해 번뇌가 없는 인생을 살 수 있는지를 가르치기 때문에 사람들로부터 존경과 추앙을 받아 성현(聖賢)에서 신격화(神格化)가 됐다.

부처는 원래 인도인이며 본명은 싯다르타 고타마이다. 주지하다시피 싯다르타는 일개의 왕자였으며 신의 대리인인 성직자가 아니었다. 그는 당시 브라만교의 성직자가 가르친 대로 살지 않고, 왕실에서 가출해서 다양한 삶의 경험을 통해 새로운 인생관을 만들어 냈다. 그는 라마신에게 기도하거나 성직자에게 부탁하지 않고, 자기 힘으로 번뇌를 없애는 방법을 연구하고 더 나아가 사람들에게 교육까지 했다.

그렇다면 문학적으로 접근할 때 싯다르타 고타마에 대해서 어떻게 다뤄야 할까. 사실상 부처의 개인 이야기를 중점적으로 다루는 문학 작품은 드물다. 우선 1922년에 발표된 독일 문학가인 헤르만 헤세의 소설 『싯다르타』를 들 수 있다. 그다음에 1992년에 인도에서 발행된 대구 출신의 재일조선인인 장혁주의 『왕사성-고타마 붓다의 이야기』이다.

독일인 헤르만 헤세는 기독교 가정에서 성장했고 부모를 따라 선교사가 되기 위해 신학교에 입학했으나 회의감을 느끼고 자신의 길을 추구하기 위해서 나선다. 헤르만 헤세는 이러한 자신의 이력을 소설 속의 부처에게 적용했다. 그의 소설에서는 싯다르타가 성직자로, 고타마가 부처로 설정된다. 싯다르타는 브라만교에서 탈출한 후 고타마 즉 불교의 지도자인 부처를 만나게 된다. 그러나 그는 부처의 가르침을 거부하고 부처에게 귀의한 친구인 고빈다를 떠나 유랑하다가 창녀와 교제해 자식을 둔다. 그는 무아의 경지에 이르도록 노력하다가 드디어 욕망의 문제를 극복하고 해탈을 얻게 된다. 이러한 내용을 통해서 헤르만 헤세는 정신적으로는 불교 사상을 수용했으나 행동으로는 그렇지 않았다는 것을 발견할 수 있다. 부처에 대한 헤르만 헤세의 표현 방식은 성직자로서의 싯다르타가 성직자 되기를 거부하고, 거룩하지 않는 식으로 생활하는 것으로 나타난다.

이와 달리 조선인 장혁주는 권력 싸움이 심한 왕실에서 탈출해 유랑하다가 존경을 받는 수행자인 싯다르타 고타마를 그렸다. 장혁주의 싯다르타 고타마는 여러 왕국들 사이에 활동하며 그들의 정치관계를 관찰하고 한 왕국에서 정착한다. 이 점에서 보아 장혁주는 역시 자신의 이력을 부처에게 투영시켰다. 장혁주는 식민지 시기에 자신의 문학을 통해 중국, 대만, 일본 심지어 유럽에서 인정을 받고 영향력을 보였다. 그는 남북전쟁 기간에 분열된 조국의 문제 때문에 힘들어하다가 결국은 일본을 자신의 피난처와 안식처로 선택했다.

그러나 장혁주는 자신만 생각하고 문학 속의 부처를 그리지 않았다. 그는 자신의 소설 서문에서 "나는 석가모니의 본래 가르침이 매우 궁금했다."라며 "고대 인도의 역사 기록을 바탕에 두고 썼다."라고 고백했다.

즉 싯다르타 고타마의 진정한 모습을 탐색하기 위해 부처문학을 창작한 것이다. 문학은 작가가 어떻게 생각하느냐에 따라 만들어진다. 부처는 고통에서 벗어나는 법을 찾아내 중생에게 설법함으로써 인류세계에 커다란 공헌을 해 왔다. 코로나 시기인데다가 대국(大國)들의 폭력문제까지 직면하는 이때 장혁주의 이 소설을 한번 읽어 보고 인류의 정신 건강에 중요한 부처님이 오시는 날 각자 문학적으로 부처에 대해 접근해 보는 것이 어떨까.

칸 앞잘 아흐메드_2022. 4. 21.

한국 전통문화 속 새로운 언어, 인도인의 눈에는 신성하다

최근에 서울 한복판에서 발굴된 항아리 속의 한글 금속활자는 전 세계를 놀라게 했다. 이에 한국은 구텐베르크의 인쇄술을 제치고 가장 일찍 금속활자를 사용한 나라가 되었다. 항아리에는 금속활자와 함께 천문시계도 들어 있었다. 한마디로 그 항아리는 우리 현대인에게 보물의 항아리이다. 이 발견은 나에게도 기쁨과 감동을 가져다주었다.

춘원 이광수가 쓴 『단종애사』(1928)의 "지금부터 사백 구십년 전, 조선을 가장 사랑하시고 한글과 음악과 시표(時表)를 잘 짓기로 유명하신 세종대왕…."이라는 첫 문장이 떠올랐다. 한글 금속활자의 유물 자문에 참여한 경북대 백두현 교수는 "세조가 아버지의 뜻을 받들어 불경을 한글로 만든 글자와 같다."라고 하였다.

한글을 향한 세조의 사랑은 이미 잘 알려져 있다. 그는 한글의 발전에 가장 많은 심혈을 기울인 왕이었다. 그는 부처님의 일대기를 한글로 풀어 썼으며, 세상을 떠난 친모인 소헌왕후의 명복을 빌기 위해서 한글 친필로 쓴 『월인석보』를 부처님에게 바쳤다. 이렇듯 『월인석보』는 『훈민정음 언해』, 『석보상절』과 『월인천강지곡』 등을 합본한 책으로서 언어학,

문학, 종교와 문화학 면에서 큰 가치를 지닌다.

한국에서는 한글 창제 이전에 중국식 언어와는 다른 새로운 방식을 시도했었다. 이두, 향찰, 구결이 그 예이다. 그러나 중국식과 구별된다 하더라도 한자의 형태를 지니기 때문에 새로운 언어라고 하기는 어렵다.

한글이 창제된 조선시대 이전에는 고려시대가 있었다. 고려시대에는 국교가 불교라 불릴 정도였기에 승려들이 존엄하고 고상한 위치에 있었다. 그러나 승려들의 높은 위상은 조선시대에 들어오면서 불교의 탄압과 함께 추락했다. 식민지 시기의 문학가인 장혁주는 『나의 풍토기』에서 이 시기에 대해 왕이 승려를 제어하기 위해 유교를 제창하였으며 유교의 통치로 인해 조선 여성들이 남성의 노예나 짐승으로 되어 버렸다고 설명했다. 가령 그것이 사실이라면 억압받는 신앙인과 노예 취급을 받는 여성들은 왕의 통치 방식을 바꾸길 바랐을 것이다. 한글은 이러한 분위기 속에서 탄생했으니 창제한 사람이 전통문화를 계승하며 민주주의를 실현하려 했을 것은 분명하다.

이러한 분위기 속에서 훈민정음이 탄생한 것을 보면 백성을 가르치는 바른 소리로서의 한글은 불교와 상당히 깊은 연관성을 지닌 것으로 보인다. 나는 범어(梵語)를 아는 인도인으로서 한글의 자음과 모음의 순서를 처음 들었을 때 '가나다라마바사'에 대해 신기하게 생각했다. 왜냐하면 이 소리는 범어에서 '범(가나) 진리(다라마)의 언어(바사)', 즉, '범(汎) 진리의 언어'라는 뜻이었기 때문이다. 나는 한글이 한국인뿐만 아니라 인도인에게도 신성하게 느껴지는 언어인 만큼 한글에 대한 연구가 더욱더 정밀하게 진행되어야 한다고 본다.

칸 앞잘 아흐메드_2021. 7. 8.

경주에서 풍기는 인도의 향불내

미국의 로스앤젤레스는 '천사들의 도시'를 의미한다. 한국에는 이와 비슷한 곳이 없을까? 나는 경주라고 생각한다. 경주는 한국의 옛 전통문화의 도시이자 신라의 수도이며, 인도에 구도하러 간 『왕오천축국전』의 저자 혜초스님의 고향이다. 역사적 측면뿐만 아니라 경주는 한국의 고전문학과 현대문학에서도 매우 중요한 공간이다. 경주는 소설가 김동리와 박목월의 문학에도 나오고, 최인훈의 문학에도 자주 나온다. 경주를 빼고 한국문화사를 이야기할 수 없을 정도로 말이다. 나에게 경주는 아주 특별한 곳이다. 이곳에선 나에게 고향의 냄새, 인도의 향불내가 풍긴다. 경주는 서라벌이라는 옛 이름과 인도인 왕자 붓다를 숭배하는 불국사를 갖고 있다. 또 외국인이자 용신의 아들인 처용의 시가 및 산신의 굿과 용신 굿을 하는 여자 무당을 위한 소설인 「무녀도」의 탄생지다. 그래서 나는 힘이 들 때나 외로울 때나 지칠 때에 늘 경주가 그립고 내 마음이 경주로 향하게 된다.

최인훈은 자신의 소설에서 불국사를 다루며 "난세를 사는 마음이 꿈에서라도 부처님을 보고 싶다."라는 말을 했는데 나의 심정이 곧 그러하다.

한국의 언어, 문화와 문학 연구에 있어 고대 인도와 경주는 매우 중요한 대상이다. 현대 한국의 수도인 서울은 그 명칭이 경주인 서라벌에서 비롯된 것이며, 경주의 옛날 이름인 서라벌은 고대의 인도 말인 '서라버스티' 또는 '서르와벌'에서 유래한 것이다. '서라버스티'는 부처님 시대에 인도에서 코살라국의 수도였으며, 문화와 전통의 도시였다. 불교문화와 함께 수용된 이 도시의 이름은 신라와 인도의 관계를 아름답게 만들었다고 할 수 있다. 이 때문에 서라벌인 경주와 서라벌의 준말로 지은 이름인 서울은 문화적으로 인도와 분리할 수 없을 정도로 상당히 긴밀한 관계를 갖고 있음을 알 수 있다.

옛 인도 말인 '서르와벌'의 뜻은 '지고무상(至高無上)' 또는 '최고의 세력'이라는 뜻이다. 당연히 나라의 수도는 최고의 세력을 갖고 있어야 한다. 용신의 아들 처용이 살던 서라벌은 최고의 세력을 누리고 있었음이 분명하다. 용은 동양 문화권에서 토속적인 신앙의 동물이다. 그러나 한자권에서 부르는 용이라는 단어의 어원은 범어의 '나가(Naga)'라는 신성한 뱀에서 유래된 것이다. 옛 한자권 사람들은 인도의 불교를 수용하는 과정에서 '나가'를 '용'으로 번역했으며 의역어인 용이 동양에서 유행되었다. 예를 들자면 불교에서 중도론을 외친 인도의 불교 대사 나가르주나의 이름을 동양에서 '용수(龍樹)'라고 번역하였기 때문인 것으로 보인다.

그러나 고대 한국의 서라벌과 고대 인도 사이에는 불교부터만 관계가 형성되었다고 보는 것이 부적절하다. 실은 불교보다 훨씬 이전에 밀교라는 신앙이 인도와 한국에서 이미 존재하고 있었다. 경주 서라벌을 인도의 밀교와 연결하는 김동리의 소설 「무녀도」는 한국에서 식민지 시기 서구 기독교의 압박감으로 인해 사라져 가는 토속적인 무속신앙의 문화를 형상화한 이야기다. 그리고 이는 한국의 무속신앙, 밀교 문화, 무당

문화를 뚜렷하게 보여주고 있다.

밀교, 무당, 무속 같은 단어는 한자에서 유래된 것이지만 원래는 샤먼이라고 불러 왔다. 샤먼의 어원이 또한 어디에 있을까? 인도 고전문학을 아는 사람이라면 그것은 당연하게 고대 산스크리트인 '샤르만'에서 오지 않았느냐고 할 것이며, 이 말은 팔리어로 말하면 그대로 '사먼'이라 발음한다. 인도에서는 고대부터 만트라(마음의 수행) 문화와 탄트라(몸의 수행) 문화가 존재해 왔다. 사먼은 바로 탄트라(몸의 수행) 문화에 해당되는 인도의 전통문화다.

소설 「무녀도」에서 주인공 모화라는 무당이 굿하는 모습을 보면 인도의 무당이 하는 굿과 별 차이가 나지 않음을 알 수 있다. 그러므로 한국의 서라벌이 인도의 밀교 시기에서부터 이미 천축이자 서역인 인도와 문화적 교류를 활발하게 하고 있었음이 분명하다. 그리고 인도에 불경을 구하러 갔다가 밀교를 공부하게 된 신라의 혜초스님은 분명히 중대한 역할을 했을 것이다.

따라서 나는 종교적으로, 언어적으로 인도와 깊은 관계를 가진 서라벌인 경주와, 현 수도인 서울을 한국의 로스앤젤레스라고 명명하고 싶다.

칸 앞잘 아흐메드_2021. 4. 15.

인도 시인 타고르와 한국 소재의 작품

타고르는 식민지 시기에 노벨 문학상을 받은 최초의 아시아인이다. 그는 두 편의 시를 통해 한국과 인연을 맺었다. 첫 번째는 1916년 일본 방문 때 조선인 유학생 진학문의 요청을 받아 자신이 썼던 시 중에서 골라 건네준 「패배자의 노래」이다. 두 번째는 1929년 일본 방문 때 조선 방문의 요청에 응하지 못해 쓴 「조선에 부탁—동방의 등불—」이다. 주지하듯 타고르는 한국 지식인들에게 피지배자로서의 동질감과 역경을 극복하자는 희망을 전달하고 있었다.

그러나 타고르는 왜 처음에 조선을 위해서 새롭게 시를 쓰지 않고 기존의 시만 건네주었을까? 타고르가 조선에 방문했다면 식민지인들과 힘을 합친, 반제국주의의 문인으로 이해되었을 것이다. 그는 사실상 「패배자의 노래」에서 지배자의 요구를 받아 지배자를 위해 노래하는 동시에, 동북아시아에 위치한, 또 다른 제국인 일본에 방문한 계기를 진지하게 그리고 은밀하게 설명하고 있다.

> 내 주인이 나에게 후퇴의 길 쪽에 서서 패배자의 노래를 부르라고 했다. / 왜냐하면 그녀는 그가 비밀리 구애하는 신부이기 때문이다. / 그녀는

> 어두운 색의 면사포를 쓰고, 사람들로부터 얼굴을 가리고 있으나, / 어둠 속에서 그녀의 가슴에서 보석이 빛나고 있다. / 그녀는 낮으로부터 버림을 받은 존재이며, / 하나님의 밤은 불 켜진 등불과 이슬로 젖은 꽃과 함께 그녀를 기다리고 있다. / 그녀가 눈을 내리깔고 침묵하던 이유는 / 그녀가 떠났던 고향에서 바람 속 울부짖는 소리가 들려오기 때문이다. / 그러나 별들은 수치와 고통으로 가득 차면서도 / 달콤한 그녀의 얼굴에 영원한 사랑의 노래를 부르고 있다. / 사랑스러운 침실의 문이 열리고 부름이 왔으며 / 어둠의 심장은 기대되는 밀회로 인해 떨리는 중이다.
>
> 타고르, 「패배자의 노래」

신부는 결혼 중인 여성을 의미하지만, 인도에서는 처녀를 가리키는 경우도 있다. 타고르는 자신에게 패배의 노래를 부르게 만든 지배자가 사랑의 관계를 공개하지 않은 채 처녀를 밤 시간에만 부른다고 이야기한다. 그리고 처녀가 고향을 떠났으나 거기서 전해 오는 울음소리가 계속 들리기 때문에 꼼짝 못한다. 끔찍한 점은 하나님의 밤과 밤에만 나타나는 별들이 지배자에게 동조하듯이 비참한 처녀를 두고 신나게 있는 것이다. 타고르가 조선을 위해 시를 창작하지 않았던 이유는 대자연의 힘마저도 잃어 절망에 빠진 인도를 위해, 고향을 떠나 일제의 힘을 구하려 했기 때문이라 할 수 있다.

그렇게 비극이 가득 찬 상황이 10여 년이나 지속된 후, 타고르는 조선을 위해 새로운 시를 썼다. 그는 「조선에 부탁—동방의 등불—」에서 조선을 램프의 전달자(lamp bearer)로 비유하며, 길 안내의 기능을 다시 발휘하기를 부탁한 것이다. 타고르는 어떠한 길 안내가 필요했을까? 그는 인도인이니, 아시아라는 곳은 중국 내지 인도를 포함한 동양을 의미했을 것이다. 그리고 인도는 유교의 영향을 받지 않았으니 아시아의 황금시대는 곧 불교문화의 전성기를 의미한다. 타고르가 「동방의 등불」을 짓기 전에 『왕오천축국전』의 저자가 한국인이라는 사실이 밝혀졌었다. 『왕오천축국전』은 신라의 승려 혜초가 인도의 여러 왕국을 순례하고 그 여로를 적은 중요한 문헌이다. 따라서 타고르가 식민지 시기의 한국이 다시 선봉(先鋒)의 역할을 해 달라고 하는 것은 한국이 당시 접하고 있던 일본 문화에 대해 동양을 이롭게 해 주는 방식으로 안내해 달라는 의도로 보일 여지가 있다.

타고르는 당시 한국 근대문학에 많은 영향을 끼치며 희망의 메시지를 전해주는 외국 문학가 중의 한 명이었다. 그러나 그가 한국인에게 준 시를 보면 그것들은 한국을 위한 시라고 보기가 어렵다. 타고르가 조선에 대해 동병상련 같은 동질감을 느꼈다면 이 두 시를 한국인에게 건네주지 않았을 것이다.

칸 앞잘 아흐메드_2022. 7. 7.

가을의 명절, 고향과 타향의 합일

사계절 중 가을은 수확의 계절이다. 겨울에 얼어 죽었다가 봄에 재생한 땅에서 농부들이 여름 내내 노력한 성과를 이때가 되면 거둔다. 수확의 성과가 좋으면 뒤따를 추운 겨울에 무난하게 잘 지낼 수 있다. 풍성한 수확이 커다란 기쁨을 가져다 주니 가족이나 친구들과 같이 모여서 풍년을 축하한다는 가을의 명절은 우리 삶에서 중요한 위상을 지닌다.

서로 모여 정을 나누고 하나가 되어 자연과 함께 즐기는 이 가을의 명절로 한가위와 중양절이 유명하다. 한가위와 중양절에 고향의 중요성이 두드러지게 드러난다.

한가위는 가배, 가위, 즉 한 달의 가운데라는 뜻으로, 흔히 추석이라 부른다. 한국에서 추석은 신라 경덕왕 때부터 존재해 온 명절인 것으로 알려진다. 이때는 사람들이 달맞이도 하고 왕이 백성들과 잔치를 한다. 중국에서 추석이 한나라 때 상아(嫦娥)라는 선녀가 달의 신이 되어 백성들에게 존경을 받는다는 전설에 기반하여 당나라의 현종(玄宗) 때부터 유행되기 시작한 명절이라 알려진다.

한국문학에 등장한 추석의 사례로 함세덕은 「추석」(1940)이라는 희곡에서 문학의 현상문예에 낙선을 거듭하여 재능에 좌절한 경주의 지식인과 그 일가의 가족 갈등을 형상화하였다. 즉 일제의 파시즘 체제하에 살고 있었던 친일작가 함세덕은 수확의 기쁨과 가족의 단원(團圓)을 상징한다는 이 명절에 오히려 가족의 불화와 노력하다 실패한 인물을 그렸다는 것이다. 이것은 극작가가 추석 때 고향에 있어도 기뻐하지 못한다는 것을 의미한다.

한국문학에 등장한 중양절의 사례로 북쪽에서 월남한 「광장」의 작가인 최인훈은 「하늘의 다리」(1970)라는 소설에서 중국 당나라 시인인 왕유가 소년 시절 지은 「9월 9일에 고향의 형제를 그리워하며[九月九日憶山東兄弟]」를 인용하면서 “타향살이하는 몸이 명절을 당할 때마다 집 생각이 난다.”, “오늘은 모두 산에 가서 산수유 꽃을 머리에 꽂는 날인데 나만 빠졌구나.”라며 심정을 표출했다.

최인훈은 타향에 있기에 고향이 그리워도 못 가는 신세였고, 이 소설의 주인공은 곧 그러한 신세의 인물로 등장하는데, 그는 너무나 외로워서 한 명의 여인에게 관심을 가졌다가 좌절하여 정신적 환각 문제까지 발생하였다. 가을의 명절을 타인의 고향에서 보내야 한다는 것은 남의 기쁨을 같이 체험하지 못하고 단지 보기만 해야 한다는 것을 의미한다.

최인훈의 문학에서 가을의 명절이 기쁨의 것이 되지는 못한다는 것은 함세덕의 그것과 동일하다. 따라서 가을 명절 때 인물이 고향에 있는 것과 타향에 있는 것은 한국문학에 있어서 별 차이가 안 나게 다루고 있다고 할 수 있다.

가을의 명절에 고향과 타향의 괴리감이 크게 느껴진다는 것은 자연스러운 일이지만 현실적으로 볼 때 꼭 그렇지 않을 수 있다. 가령 남아시아 국가인 인도의 가을 명절인 '디왈리(Diwali)'나 '처트 푸자(Chatt Puja)'를 참고해서 보자. 그것들은 모두 선량한 신의 위대함을 찬양하기 위해 잔치하고 노래하는 날이니 고향과 타향의 구분이 중요하게 인식되지 않게 된다. 가령 한반도에서 남북 민중들을 합일시킬 수 있는 조상신(祖上神)을 통해서 가을 명절을 축하한다면 한국문학에서 폭력으로 인해 상흔이 많았던 부분들이 치유될 수도 있을 것이다.

칸 앞잘 아흐메드_2021. 9. 23.

문학세계와 현실세계의 인도로 가는 주인공

최인훈의 「광장」은 전후 최고의 작품으로 평가받아 왔다. 이는 민주주의의 실현을 위한 4·19혁명이 성공했다는 배경에서 발표되었다. 혁명의 성공이 가져온 기쁨만큼 주인공인 이명준이 어딜 가도 행복하게 살 수 있어야 했다. 그러나 그는 인도라는 중립국을 택하였다가 타고르호를 타고 가는 도중에 '크레파스보다 진하고 푸른 바다'에 자신의 몸을 던지고 자살하고 만다. 그러나 이명준의 실제 모델로 알려진 인도의 한인 사업가인 현동화 씨의 상황과 같이 놓고 본다면 문학과 현실 사이의 거리감을 절감할 수밖에 없다.

소설 속 이명준은 남쪽 출신이지만 월북한 아버지로 인해 빨갱이로 지목받다가 아버지를 찾으러 월북하게 된 후 인민군으로 남북전쟁에 참전했다가 포로가 되어 남쪽도 북쪽도 아닌, 제3의 길인 인도를 선택했다.

이명준은 인도를 향한 바닷길에서 한인 동포에게 폭력을 당한 뒤, 인도의 도시인 콜카타에 도착한 후 한국인이라는 사실이 드러나지 않을 정도로 자신을 알아보는 사람 없이 생활할 것을 상상했다. 그러나 그는 사랑하는 가족이 이미 전쟁에서 죽었다는 사실을 떠올리자 끝내 자신의 몸을 바다에 던지게 되었다. 이것은 당시의 그가 한국이라는 정체성에 대해 얼마나 실망했는지 또한 사랑을 얼마나 갈망했는지를 보여준다.

최인훈은 인도를 소재로 한 「가면고」라는 작품에서 비폭력과 맨얼굴의 사랑을 호소했다. 이어 「회색인」에서는 사랑에 대해 불교의 방식을 통해서 진지하게 다루었다. 그것은 기독교식의 사랑이 신(神)의 시점 위주로 하여 개개인의 다양한 특색을 간과함에서 나온 허(虛), 그 추상성에서 나온 것과 다르게 불교식의 사랑은 인간의 정(情)부터 출발하여 자기와 가장 가까운 타자에게 친밀감을 느끼게 한다는 인연의 사상과 연결되어 있어 고약한 이웃도 사랑할 수 있다는 것이다.

최인훈은 불교식의 사랑을 추구한다는 의식을 가지고 이명준을 다른 중립국이 아닌 인도로 보낸 것으로 보인다. 그러나 상상 속 인도는 서방정토이지만 현실에서는 비폭력을 주장한 간디가 해방 직후에 국가 통일을 위해 파키스탄으로 협상하러 가려 했을 때 한 명 힌두교의 신자에 의해 암살당해 사망한 곳이었다.

이후 인도가 국가 분열 문제로 인해 아수라장이 되어 가는 상황이 언론 보도를 통해서 한국에 전해졌다. 간디식 국가의 통일이 없으면 참극만 일어날 것을 최인훈이 잘 이해했고 그렇기에 4·19혁명 이후에도 기뻐하지 못해 인도로 가려던 이명준을 죽인 것이라 할 수 있다.

간디가 국가의 분열 상황 속에서 살해당하지 않았다면 이명준은 인도에 도착했을 것이다. 한국동포들과 같이 안 살려고 했던 이명준에 대비해서 본다면 누가 현실 속의 이명준이 될까? 선진국을 희망하지만 가지 못해 인도를 택할 수밖에 없어 뉴델리에서 사업하다 한국 국적을 취득하고 행복한 가정을 꾸린 성공한 현동화일까? 남인도에서 한반도 사람들과 교류하지 않은 채 인도인처럼 생활했다가 생사불명이 된 지신영일까? 동포들과 함께 양계사업을 했다가 따로 독립하여 장사했으나 실패해서 한국인들과의 접촉을 기피한 채 뉴델리 인근의 빈민촌에서 막노동하면서 연명하게 된 장기화일까? 어쩌면 중립국답지 않은 중립국인 인도처럼 이명준답지 않은 이명준인 한인 동포만 존재했을지도 모른다.

칸 앞잘 아흐메드_2021. 9. 2.

Hotter, Sweeter, Cooler 방탄 '문학' 소년단

BTS의 두 번째 영어 곡 <Butter>가 7월 17일자 미국 빌보드 싱글 차트에서 7주 연속 1위에 올랐다. 빌보드 역사상 7주 연속 1위를 한 곡은 10곡도 채 되지 않는데 바야흐로 한국(싸이의 <강남스타일>)과 아시아(사카모토 큐의 <스키야키>)를 넘어 세계적인 기록을 다시 쓰고 있는 중이다. 이것에는 메모리 반도체 부문 세계 1위 삼성전자의 세계적 위상이 주는 것과는 분명히 다른 종류의 감격이 있다.

우연히 알게 된 사우디아라비아 친구가 있다고 해 보자. 우리는 그 친구에게 "얼마 전에도 사우디아라비아산 원유를 정제한 휘발유를 내 차에 가득 넣었지 뭐니."라고 하며 호들갑을 떨진 않을 것이다. 하지만 실제로 얼마 전에 알게 된 영국인 축구 코치에게 난 그야말로 안되는 영어로 이렇게 호들갑을 떨었다. "영국은 존 스튜어트 밀의 나라잖아요. 자유론에서 정립한 자유의 개념이야말로 19세기의 가장 뛰어난 발명 중의 하나라고 생각해요."라고 말이다.(그런데 그 영국인 코치는 고개를 갸우뚱거리며 "난 그런 사람 모릅니다."라고 유창한 한국말로 답했다.)

문화란 그런 것 아닐까. 문화적 우월주의를 말하려는 것이 아니다. 온두라스의 어느 서점에 있는 베스트셀러 코너에는 사회를 통렬히 비판하는 어느 지식인의 고백이 꽂혀 있을지도 모르고 그것이 자국민의 가슴을 뜨겁게 울리고 있을지도 모르지만, 한국어로 번역되어 우리 동네 서점의 신간 코너에 소개되지 않으면 나는 영원히 그 감동을 알 수 없을 것이다. 하지만 우연히 그 작품을 알게 되고 그것의 울림이 나에게 전달된다면 나는 그곳의 언어인 스페인어를 배우고 싶어 할 것이고 그곳의 역사를 알고 싶어 할 것이고 그곳을 더 이해하고 싶을 것이다.

7월 2일 윤고은 작가의 『밤의 여행자들』이 영국 추리작가협회에서 주관하는 대거상 번역추리소설상을 받았다. 대거상은 영국 추리작가협회가 1955년 제정한 영미권 주요 추리문학상 중 하나이고 윤고은 작가는 아시아 최초 수상이다. 이에 고무된 한국문학번역원은 7월 6일 간담회에서 한국문학의 해외 진출 통합 플랫폼을 만들겠다고 선언했다. 이때 내가 떠올렸던 것은 1996년 제1회 문학동네 신인상을 수상한 스물여덟 살의 건방진 젊은 작가였다. 한쪽 귀에 피어싱을 하고 나타난 그는 이렇게 말했다. 요즘 유행하는 후일담 문학이나 사실주의 계열의 소설이 아닌 문단의 틈새를 채우는 전혀 새로운 소설을 쓰고 싶다고.

자기 이전의 모든 경제학 이론들을 '고전학파'라고 부르며 등장한 경제학의 신성 케인즈 같은 충격이었다.(이때의 고전이라는 의미는 존경의 의미가 아닌 '구식'이라는 의미에 더 가깝다.) 그리고 그는 자신의 소설이 늘 번역이 될 것을 염두에 두고 쓰고 있으며, 언젠가는 터키의 서점에서도 읽힐 것이고 말레이시아나 일본의 서점에서도 읽힐 것이라 생각하고 쓰고 싶다고 말하기도 했다. 그리고 그 당시 상당한 비난을 받았다. 그는 김영하 작가다.(김영하는 그 이후 지금까지도 꾸준히 작품이 해외로 번역되고 있다.)

2012년 어느 언론사의 지면에는 이런 제목의 칼럼이 실렸었다. "추락

하는 한국 소설, 날개가 없다." 한국 문학의 소설 시장이 완전히 붕괴되고 침제되었으며 이에 대한 이유는 '신인 작가의 부재'라고 했다. 그러나 현재 한국 소설은 새로운 전성기로 평가받고 있으며 2021년은 2012년 이후 가장 많은 판매량을 기록한 해이기도 하다. 이에 대한 여러 가지 분석이 있으나 공통적인 이유는 크게 2가지이다. 'MZ 세대 작가의 출현' 그리고 '해외 문학계 진출'.

한국 문학의 새로운 부흥. 이제 시작이라고 믿는다. 그리고 기대한다. Get it, Let it roll.

현영희_2021. 7. 29.

던전 앤 드래곤

깨어나세요, 용사여!

OTT 서비스인 디즈니 플러스가 11월 국내에 상륙한다고 한다. 웨이브, 티빙, 넷플릭스, 왓챠, 유튜브 프리미엄 등의 매출을 올려 주며 OTT 대전쟁의 중립적 대국적 호구가 되느라 주머니가 비어 가던 나에게 이것은 순수한 희소식이 되지는 않았다.

SBS가 처음 개국했을 때 그것은 심형래의 '칙칙'에서 신동엽의 '안녕하시렵니까'로, <사랑이 뭐길래>의 '대길'이에서 <모래시계>의 '태수'로 넘어가는 일대 혁신적인 사건이었고, 전 국민의 시청권이 얼떨결에 자동 업그레이드가 되는 진보적인 감동이었다. 하지만 OTT 플랫폼 춘추전국시대에 새로운 플랫폼 상륙에 대한 뉴스는 새로운 오리지널 시리즈에 대한 설렘뿐만 아니라 한 달 1만 원에 상응하는 심적 갈등도 함께 표류한다.

실은 주말 내내, 전 세계적인 돌풍이라는 <오징어 게임>을 몰아 보기 위해 넷플릭스에 접속했는데, 문득 매달 2,500원씩 내는 수신료가 무색하리만치 텔레비전을 보기 위해 텔레비전을 켠 적이 없다는 것을 깨달았다. <오징어 게임>이 KBS2에서 제작됐을 리도 없겠지만 만약 그랬다

하더라도 방영 한 달 만에 그 출연진들이 <지미 펠런 쇼>에 초청될 리도 없었을 것이다. 할머니가 자꾸 "그 유명하다던 오징어 게임이라는 드라마는 도대체 몇 번 채널에서 하는 거냐?"라고 물어본다던 어느 인터넷 게시글은 지금의 아이들에겐 이해조차 못 할 농담이다. 언제부터인가 우리는 리모컨의 채널 대신 인터넷 주소가 더 익숙하게 되었다.

만화도 마찬가지이다. 『슬램덩크』의 강백호를 보기 위해 『주간 소년 챔프』를 사러 꼬깃꼬깃한 종이돈을 쥐고 달려갔던 것이 언제였던가. 이제는 다들 네이버나 카카오로 접속해서 웹툰을 본다. 거의 모든 문화와 기술과 생활이 애플리케이션으로 개발된 플랫폼으로 들어갔다. 물론 문학도 어느 정도는 그렇다. 적어도 우리는 이제 기다렸던 작가의 신간을 사러 교보문고에 가는 것보다 YES24나, 알라딘에 접속하는 일이 더 많아졌다. 그러나 문학 그 자체가 창작되고 전달되는 플랫폼은 생각보다 아주 느리게 진행되고 있다. 웹 소설은 현재 웹툰의 수준만큼 활성화가 되어, 카카오 페이지, 네이버 시리즈, 문피아, 조아라 등의 플랫폼이 자리를 잡고 있으나 단편 소설이나 시 등 소위 순문학을 위한 플랫폼은 여전히 근대 이후 지속되었던 문예지나 출판사 혹은 신문사 등을 통한 방식이 아니면 자리를 잡기가 힘들다.

2020년 2월 이러한 전통적인 관행과 출판사 중심 생태계를 혁신하려는 목표를 가지고 만들어진 온라인 문학 플랫폼이 있다. 서호준 작가를 중심으로 만들어진 이 플랫폼의 이름은 '던전'이다. 이 플랫폼은 기성 문단의 견고한 성벽을 허물고 있을까? 혹은 어느 정도의 새로운 파도를 만들어 냈을까? 그 모두 아니다. 이 플랫폼은 2021년 12월을 마지막으로 서비스를 종료할 것을 얼마 전 예고하였다. 사실 이는 문학 생태계의 확장이라는 드래곤을 잡기 위해 펜을 든 용사들이 뛰어든 첫 던전은 아니었다. 2003년에는 '한 페이지 단편 소설'이라는 웹사이트를 통해 단편 소설의 독립 출판이 이루어지기도 했었으나 2016년에 종료되었다. 용사들은 현재 깨어나지 못하고 있다.

포노 사피엔스에 의해 촉발된 플랫폼 경제 시대에 일부 특정 기업에 독점적 지위를 준다는 부작용이 있는 것은 사실이다. 하지만 지금 내가 우려되는 것은 혁신이 없는 현재의 방식에서 독자라고 불리는 수요의 파이가 적어도 이대로 유지는 될 수 있을까 하는 것이다. 아니 그보다 언젠가는 이상문학상이나 젊은 작가상을 새로이 수여할 작가가 없어지거나 대중에게서 관심이 멀어지는 날이 오지는 않을까. 나이키의 경쟁자가 닌텐도였던 것처럼 한국 문학의 경쟁자는 넷플릭스가 될 것이다.

현영희_2021. 10. 7.

헤이 마마, 배틀을 시작하지

제일 좋아하는 일렉트로니카 DJ는 데이비드 게타(David Guetta)였고 그 음악 중에서도 언제나 <Play Hard>였다. 신 콜(Syn Cole)과 아비치(Avicii)의 <Miami 82>가 나온 2013년 이후, 아비치와 데이비드 게타 사이에서 갈등하기도 했지만, 굳이 따지자면 데이비드 게타였다. 그것은 2014년 여름, 스페인 이비자 섬의 우수아이아 호텔 야외 클럽에서 <Play Hard>의 디제잉을 직관한 이래로 더욱 그랬다.

그러나 올해 그 순위는 <Hey Mama>로 자연스럽게 바뀌었다. <스우파(스트릿 우먼 파이터)>에서 노제가 이 음악으로 메인 댄서 선발을 위한 경연을 펼친 이후였다. 데이비드 게타가 만든 리듬에 니키 미나즈의 목소리가 만트라처럼 얹어지면, 프레스토로 손뼉을 치며 당장 출격해야 할 것 같다.

노제의 웨이비 크루는 가장 먼저 탈락했지만 연예인뿐만 아니라 일반인들도 헤이 마마 안무를 따라 하고 그녀는 팬덤에 앉게 되었다. 서바이벌 경연 프로그램이 휩쓸고 지나가면 사람들은 처음엔 순위에 관심을 가지다가 참가자들에게 눈을 돌리게 되고 그들의 음악이나 춤을 주목하게 되고 그들의 직업을 동경하게 된다. 소외되어 있던 한국의 힙합 신이 순식간에 주류 문화로 올라온 것도 2012년 <쇼미더머니>가 탄생한 이후이다.

이것이 문학에 적용될 수도 있을까. 모종의 배틀을 통해 내가 좋아하는 책이 소개되고, 그 작가에 대한 호기심과 문학에 대한 관심이 올라가고 작가라는 직업을 동경하게 되는 그런 선순환은 어떨까. 장강명은 르포르타주 『당선, 합격, 계급』에서 한국의 독서 생태계에 대해, '멸종 위기종의 서식지 같은 형세가 아닐까' 라고 표현했다. 그리고 이에 대한 해결책 중의 하나로 '독자들의 문예 운동'을 제시하면서 '비블리오 배틀'을 언급한다.

그것은 책을 뜻하는 '비블리오(biblio)'와 대결을 의미하는 '배틀(battle)'의 조합으로 만들어진 단어다. 2007년 일본 교토대에서 시작된 것으로 인공지능 연구자인 다니구치 다다히로 박사가 '인간의 뇌는 말하지 않으면 활성화되지 않는다'는 뇌 과학의 연구 성과를 활용해 공부 모임을 재미있게 운영할 수 있도록 고안한 것이다. 참가자들은 각각 재미있게 읽은 책을 준비하고 제한 시간 5분 안에 책의 줄거리와 감상 등을 낭독 형식으로 발표한 후에, 청중 전원이 3분 정도 이야기를 나누고 투표해 '챔피언 책'을 정한다.

2018년 8월 MBC에서 이와 같은 방식으로 '비블리오 배틀'이라는 프로그램을 방영한 적이 있다. 임하룡, 이동진, 최민용 등의 셀럽이 자신이 소개하고 싶은 책과 책에 얽힌 사연을 제한 시간 5분 안에 발표하면 토론 후 100인의 판정단 투표로 '챔피언 책'을 선정하는 방식이었는데, 아쉬운 것은 책의 해 기념사업으로 시행된 1회짜리 파일럿 프로그램이었다는 것이다.

물론 서평 배틀이 엠넷의 서바이벌 경연 프로그램이 되기를 바라는 것은 아니다. 장강명의 르포르타주에 언급된 것도 지역 단위의 프로그램이다. (말은 그렇게 해도 퀴어 문학 크루 리더 박상영 작가와 후장 사실주의 크루 리더 정지돈 작가가 배틀을 하는 것을 떠올리며 히죽이고 있다.)

2021년 10월 13일 화성시문화재단 도서관에서 시민 대상 서평 게임 '제1회 비블리오 배틀'의 예선이 개최되었다. 방식은 위에 소개한 것과 같고 최종결승은 11월 13일이다. 이것이 확산되고 하나의 문화가 된다면 좋을 것 같다고 생각한다.

정지돈의 첫 번째 단편집 『내가 싸우듯이』 중 첫 번째 단편 「눈먼 부엉이」에서 장은 묻는다.

"문학이 세계를 구원할 수 있다고 믿나요?"

나는 반대로 되어야 한다고 생각한다. 지금은 세계가 문학을 구원해야 할 때이고 나는 할 수 있다고 믿는다. 구원된 문학이 충만한 세상이라면 나는 어디서든 책을 펼칠 수 있을 것이고, 그곳이 어디든 푸코가 말했던 헤테로토피아가 될 것이다.

현영희_2021. 10. 21.

난 널 유혹하는 거란다

나에게 새해란 어떤 의미일까? 아주 어렸을 때는 유일하게 한국에서만 한 살을 먹는 날이었고, "새해 복 많이 받으세요."라는 인사를 해도 세뱃돈을 주지 않는 날이었다. 조금 더 컸을 때는 일주일도 지켜지지 않을 다이어트 계획을 세우고, 커피 17잔을 마시고 받은 다이어리의 캘린더에 내 생일을 거창한 스티커로 표시하는 날이기도 했다.

하지만 역시나 나에게 새해가 주는 가장 신성한 의미는 약 20여 명의 신인 소설 작가가 한꺼번에 등단하는 날이라는 것이다. 신문을 받으면 항상 제일 먼저 그 신문의 신춘문예 소설 당선작들을 찾아본다.(2022년 영남일보에서는 「블랙 잭나이프」의 임은영 작가님이 당선되셨다.) 그 작품들은 음력설이 되기 전에 한 권의 신춘문예 당선 소설집으로 묶여 세상에 나온다. 나는 동경이나 질투 그리고 응원과 감사가 섞인 마음으로 소중하게 읽어 나간다.

한국에서 작가가 된다는 것과 소설가로 불릴 수 있다는 것은 조금 다른 의미로 적용된다. 텀블벅을 통해 출판해서 수만 부가 넘게 팔리거나, 독립 출판을 거쳐 책을 여러 권 내고 있어도 등단을 하지 않으면 자격증이 발급되지 않은 유사 전문가쯤으로 취급되기도 한다. 임세랑 작가의 에세이 「미등단 작가의 어떤 고백」에 따르면 문예지는 기고 요청을 하지 않고 해외 레지던스 참가 기회나 창작 기금도 받기 어렵다고 한다.

등단이라고 하는 것은 신춘문예나 문예지를 통한 공모전을 통해 수상을 한 경우를 말한다. 장강명 작가는 이에 대해 고려시대의 광종이 중국에서 도입한 과거 제도와 같다고 말하기도 했다. 신춘문예의 경우에는 1915년 매일신보의 '신년문예'가 그 시초이며 세계에서 유례없이 영향력이 강한 작가 등용 과거 시험이 되어 버렸다. 하지만 작가란, 혹은 소설가란 어느 심사위원 몇 명이 최종 합격 직인 따위를 찍어 주며 완성되는 것은 아니라고 생각한다.

박민규 작가는 등단하기 전에 약 30편의 단편 소설을 쓰고 신춘문예에 투고하였으나 모두 탈락했다. 아이러니하게 박민규 작가가 『지구영웅전설』로 등단한 이후, 그가 썼던 단편 소설은 신동엽창작상, 이효석문학상, 이상문학상 등을 수상했다. 등단하기 전, 회사를 그만두고 작가가 되기로 결심한 그가 했던 것은 매일 일정한 시간 동안 글을 쓰는 것이라고 했다.

그것은 이미 스티븐 킹이 실천한 것이기도 하다. 스티븐 킹은 13세에 처음 자신의 소설을 『히치콕』이라는 잡지에 응모하여 거절 쪽지를 받았다. 그때부터 받았던 거절 쪽지들을 벽에 박은 못에 꽂아 두기 시작했고 14세가 되었을 때는 그 못이 쪽지들의 무게를 감당하지 못해 더 큰 못으로 바꾸었다. 그리고 대형 트레일러의 세탁실에서 무릎 위에 어린이용 책상을 올려 놓고 아내 태비의 휴대용 올리베티 타자기를 두드려 써낸 『캐리』가 베스트 셀러가 된 이후에도 하루 2천 단어를 꾸준히 썼다고 했다. 무라카미 하루키가 매일 아침 꾸준히 달리기와 글쓰기를 병행하는 하루를 보내는 것도 유명한 일화 중의 하나이다. 그렇기에 어제도 썼고 오늘도 쓰고 내일도 꾸준히 쓸 계획이라면 스스로를 작가 지망생이 아닌 작가라고 생각해도 충분하다.

스티븐 킹의 『유혹하는 글쓰기』에는 이런 대목이 나온다. 글쓰기의 목적은 돈을 벌거나 유명해지는 것이 아니다. 글쓰기의 목적은 살아남고 이겨 내고 일어서는 것이다. 행복해지는 것이다.

그러므로 나는 2022년에 등단을 하게 된 작가들에게 축하와 감사를 전하면서도, 동시에 당선이 되지 못한 수천 명의 작가 지망생들에게 위로를 전하고 싶다. 여러분들은 올해 등단은 하지 못했지만 언젠가 발행될 단편집에 실릴 작품이 하나 더 늘어났다고. 아이비의 <유혹의 소나타>가사처럼 여러분들을 치명적으로 유혹하고 있는 글쓰기가 살아남고 이겨 내고 일어서서, 언젠가 우리들을 유혹하고 위로하고 행복하게 해 달라고.

현영희_2022. 1. 6.

산책하기 좋은 날이다 정말

요즘은 봄이 오면 초록보다 분홍이 먼저 떠오른다. 흩날리는 벚꽃 잎이 장범준의 연금처럼 울려 퍼질, 이 거리는 영화감독 웨스 앤더슨이나 사진작가 테레사 프레이타스가 구축한 파스텔 빛 세계의 전부처럼 보인다. 로베르트 발저는 그의 단편 「산책」에서 이렇게 말했다.

"발로 걸어 다니는 것이 최고로 아름답고, 좋고, 간단하다. 신발만 제대로 갖춰 신은 상황이라면 말이다."

발저는 생의 마지막 순간까지 산책과 함께했다. 그는 1956년 12월 25일 크리스마스에 눈 쌓인 숲을 산책하다가 78세의 나이에 심장마비로 세상을 떠났다.

3월 12일 WHO는 코로나19에 대한 국제적 공중 보건 비상사태 종료 선언을 위한 조건을 검토한다고 발표했다. 하지만 역설적이게도 3월 14일에는 신규 확진 세계 1위라는 치명적인 타이틀을 한국에 수여하기도 했다. 전 세계 확진자 3명 중 1명은 한국인이다. 확진자와 자가격리자들은 인후염과 고열을 참아 내며 일주일간의 정지된 공간을 견디고, 평범해야 할 일상들은 가택 연금되어 계엄령이 내린 창밖만 공포스럽게 바라보고 있다.

정지돈 작가의 산문집 『당신을 위한 것이나 당신의 것은 아닌』은 이러한 시대에 문학과 철학을 통한 인문학적 산책을 체험하기에 좋은 책이다. '서울과 파리를 걸으며 생각한 것들'이라는 부제가 달려 있는 것처럼 이 책은 일종의 산책기다. 정지돈은 서울과 파리를 걷다가 여러 철학자와 문학가들의 세계로 거침없이 틈입한다.

정지돈은 대구 출생의 1983년생 젊은 작가이며 소위 '후장사실주의'의 대표주자다. 후장사실주의를 어떻게 설명해야 좋을지 굉장히 어렵다. 정지돈과 그의 친구들이 농담인 듯 진담처럼 꺼낸 말이지만, 후대에 한국에서의 누보로망이라고 부를 수 있는 것이 있다면 그것은 후장사실주의가 될 것이다. 그들을 보면 1930년대 이태준, 박태원, 이상 등이 주축이 된 구인회가 떠오르기도 한다. 그들은 한국 모더니즘 문학의 모태가 되었다.

정지돈의 등단 이후 첫 단편 소설집 『내가 싸우듯이』는 책 마지막에 무려 9쪽에 걸친 참고문헌 목록을 수록했다. 정말로 마음먹고 싸우듯이 읽어야 읽히는 작품들이 많다. 이로 인해 '지식 조합형' 소설이라는 비난도 받았다. 하지만 그는 도리어 '그렇다면 전통적인 소설들은 서사 강박형 소설인가요?' 하고 받아치기도 했다.

한국의 산책 문학으로 박태원의 『소설가 구보 씨의 일일』이 있었다. 정지돈의 산문집도 편집자로부터 『소설가 구보 씨의 일일』의 에세이 버전을 권유받아 시작되었다고 밝히고 있다.

『소설가 구보 씨의 일일』은 26세의 구보 씨가 정오부터 다음 날 새벽 2시까지 경성(지금의 서울) 곳곳을 배회하며 보고 겪고 떠올린 것들을 기승전결 없이 묘사한 것이 주 내용이다. 조선중앙일보 연재 당시 박태원의 절친 이상이 삽화를 그려 주기도 했다. 이 작품은 현대문학사뿐만 아니라 도시의 역사를 위한 사료로도 가치가 있다.

언젠가는 대구를 배경으로 좋은 산책 문학이 나올 수 있다면 좋겠다. 다만 『소설가 구보 씨의 일일』처럼 주인공이 지식인일 필요도 없고, 무기력할 이유도 없다. 주인공은 소셜임팩트 플랫폼인 빅워크 애플리케이션을 실행시키고 자신의 걸음 수를 기부하기 위해 화창한 거리를 나설 것이다. 그리고 돌아오는 길에는 날아오르는 풀벌레나 형용할 수 없는 설렘을 향해 송승언의 시 「사랑과 교육」의 첫 구절을 인용하는 것이다. 좋은 날이야 산책하기 좋은 날이다. 정말.

현영희_2022. 3. 24.

죽이는 이야기

2022년 5월 미국 로스앤젤레스의 '콘텐트LA' 행사에서 스튜디오드래곤과 유니버설인터내셔널 스튜디오가 김언수의 『설계자들』을 원작으로 한 드라마를 공동 제작하기로 발표했다. 2010년 발표된 소설로 암살자들과 그 설계자들에 관한 이야기이다. 이미 25개국에 번역판권이 수출되었고 2019년에는 NYT의 베스트 윈터 스릴러로 선정되기도 하였다.

추천사만 봐도 인상적이다. <킬 빌>이 무라카미를 만났다고 하는가 하면 쿠엔틴 타란티노와 카뮈가 현대의 서울에서 만났다고 하기도 한다. 개인적으로는 <킬 빌>보다는 <존 윅>에 가깝고, 카뮈나 하루키보다는 헤밍웨이가 떠오른다.

김언수 작가는 올해 개봉한 누아르 영화 <뜨거운 피>의 원작자이기도 하다. 소설가 천명관의 입봉작으로 관객수 40만 명을 못 채우고 내려갔고 평가도 아쉬웠지만 김언수 작가의 이야기가 영화적 문법과 궁합이 잘 맞는 작품이라는 것은 증명했다.

김언수 작가는 2002년 진주신문 가을문예공모에 「참 쉽게 배우는 글짓기 교실」로 등단하였고 장편 『캐비닛』으로 2006년 문학동네 소설상을 수상했다. 그러나 그는 2016년 중앙일보 인터뷰에서 이렇게 말했다.

"한국문학은 문장을 워낙 강조한다." 그리고 자신도 한때 그것이 문학의 전부인 줄 알았다고 하며, 이렇게 덧붙였다. "한국문학은 내면에만 빠져 있다. 충무로적 사건을 소설에 집어넣어야 한다."

나는 여전히 문장도 중요하고, 때때로 고상함과 예술성도 가지고 있어야 한다고 생각하지만, 한국문학과 그 지망생들이 그것에 굉장히 몰입되어 있다는 것도 동의가 된다. 신춘문예 등단 작품집만 봐도 알 수 있다. 그들은 때때로 현미경을 집어넣고 집요하게 관찰한 기록들을 어려운 단어를 움직여 치열하게 끄집어내려고 한다. 현대 시는 어떤가. 그들은 대개 페르시아 무덤 입구의 비문처럼 누군가에게 '해독'되어 자신들의 뜻이 널리 알려지기만을 기다리는 듯하다. 나는 그들이 조금 더 능동적이 되어도 좋다고 생각한다. 래퍼들은 비트 위에 시를 쓴다고 하는데, 시인들도 백지 위에 랩을 할 수 있다면 좋겠다.

기원전 2000년의 길가메시 서사시 이후, 이야기에 대한 수요는 OTT 서비스 가입자의 수만큼 증가하고 있다. 한국문학은 그 이야기들의 원천을 인출할 수 있는 중앙은행의 역할을 충분히 할 수 있는지 반문해 봐야 한다. 이미예 작가는 얼마 전까지만 해도 반도체 업종에 종사했다. 그녀는 텀블벅을 통해 2020년 7월 한 권의 책을 출판했고 그것이 그녀의 생애 최초의 소설이었다. 그리고 1년 4개월 만에 1, 2권 통합 100만 부를 달성했다. 그 소설이 바로 『달러구트 꿈 백화점』이다. 서사는 단순하고 문장도 가볍지만, 독자들은 그 이야기에 열광했다. 100만 부가 팔린 작품이 우월하다는 이야기는 아니다. 그것은 역설적으로 이상문학상을 받은 작가가 더 뛰어난 작가도 아니라는 이야기도 된다.

소설이란 무엇일까. 무라카미 하루키는 2019년 GQ와의 인터뷰에서 이렇게 말했다. "나는 되도록 쉬운 단어로, 가벼운 문장 안에 심오한 스토리를 담아 내고 싶어요. 어려운 단어를 조잡하게 조합해 어려운 문장을 만들었는데 스토리는 텅 비었다고 생각해 보세요. 비극이에요." 반면, 보르헤스의 단편 「틀뢴, 우크바르, 오르비스 테르티우스」는 문장도 내용도 난해하고 어렵지만 오히려 80년이 지난 지금도 우리에게 영감을 주고 있다. 맥스트의 오픈 예정인 개방형 메타버스 서비스는 '틀뢴'으로 명명되어 보르헤스 세계를 현실로 가져왔다. 그러니까 그 무엇도 정답은 아니지만 하나는 확실하다. 우리는 조금 더 오래 기억되는 이야기를 원하고 있다.

현영희_2022. 6. 9.

저자 약력

정우락

경상북도 성주에서 태어나 경북대학교 인문대학 국어국문학과를 졸업하고 같은 대학의 대학원에서 문학박사학위를 받았다. 중국 북경대학교 방문학자를 지낸 바 있으며, 현재 경북대학교 국어국문학과 교수로 재직하고 있다. 주로 한국문학사상에 대하여 공부하고 있으며, 최근 문화공간으로서의 영남이 갖는 의미에 주목하며 관련 글을 발표하고 있다. 저·역서로는 『영남의 큰집, 안동 퇴계 이황 종가』, 『조선의 서정시인 퇴계 이황』, 『남명과 퇴계사이』 등이 있다.

조유영

경상남도 창원에서 태어나 경북대학교 대학원 국어국문학과에서 문학박사학위를 받았다. 경북대학교 대학원 국어국문학과 글로벌시대의 지역 문화어문학 교육연구단에서 연구교수를 지낸 바 있으며, 현재 제주대학교 국어교육과 교수로 재직하고 있다. 주로 조선시대 시가 문학에 관심을 가지고 꾸준히 공부하고 있으며, 최근에는 그 범위를 넓혀 근대 전환기 시가 문학의 가치와 의의를 규명하는 데 노력을 기울이고 있다. 주요 저서로는 『한국 고전문학과 문화어문학』(공저), 『대구 공간과 문화어문학』(공저), 『낙동강과 문화어문학』(공저) 등이 있다.

배지연

대구 출신으로 경북대학교 대학원 국어국문학과에서 현대소설을 전공하고 문학박사학위를 받았다. 경북대학교 대학원 국어국문학과 BK 사업단에서 박사후연구원을 거쳐 연구교수를 지낸 바 있으며, 현재는 대구대학교 인문과학연구소 연구교수로 재직하고 있다. 최인훈 소설을 비롯하여 글쓰기와 서사 연구에 주력하고 있으며, 최근에는 일본군 '위안부'의 증언 서사와 모빌리티에 관한 연구를 진행하고 있다. 한편, 지역 인문학자 및 시민들과 대구경북인문학협동조합을 만들어 인문학으로 지역민들과 소통하는 인문 활동가로서 역할을 다하고 있다.

이승현

대구 태생으로 경북대학교 인문대학 국어국문학과를 졸업하고 동 대학원에서 현대희곡으로 문학박사학위를 받았다. 공군사관학교 전임강사 및 경북대학교 교양교육센터 강의초빙교수로 근무했으며, 현재 경북대학교 국어국문학과 조교수로 재직하고 있다. 연극, 영화, 텔레비전드라마 등 희곡 문학 기반의 다양한 장르에 관심이 있다. 저서로는 『한국 근대화와 모더니즘 희곡』, 『텔레비전드라마 판타지를 환유하다』(공저), 『대중서사와 타자 그리고 포비아』(공저) 등이 있다.

현영희

경상북도 예천에서 태어나 경북대학교 인문대학 국어국문학과를 졸업하고 같은 대학의 대학원에서 문학박사학위를 받았다. 현재 경북대학교 국제교류처 강사로 재직하고 있다. 주로 신어와 한국어 인용구문에 대하여 공부하고 있으며, 외국인을 위한 한국어에도 관심을 갖고 연구 및 교육에 힘쓰고 있다. 저·역서로는 『한국어는 나의 힘』, 『사전에 없는 진짜 한국어 2』가 있다.

칸 앞잘 아흐메드

인도에서 태어나 수도 뉴델리에서 성장하였다. 인도의 명문대인 네루대학교에서 학부를 졸업하고 한국 정부초청장학생으로 경북대학교 국어국문학과에 왔으며 한국현대문학으로 석사 및 박사학위를 받았다. 경북대학교 국어국문학과 BK21교육연구단에서 신진연구원으로 지낸 바 있으며 현재 경북대학교 아시아연구소에서 연구원으로 지내고 있다. 주로 한국어문학의 특수성과 보편성에 대하여 공부하고 있으며, 최근 한국문학 속 인도의 표상이 갖는 의미에 주목하며 관련 글을 발표하고 있다. 주요 연구로는 「최인훈 소설의 유토피아 의식 연구」, 「최인훈의 「가면고」에 나타난 가면의 의미」 등이 있다.